国际服务经济系列教材
Textbook Series of International Service Economy

U0515118

服务经济学

Service Economics

林吉双　主编

中国财经出版传媒集团

经济科学出版社
Economic Science Press
·北京·

图书在版编目（CIP）数据

服务经济学 / 林吉双主编 . -- 北京：经济科学出

版社，2023.8

国际服务经济系列教材

ISBN 978 - 7 - 5218 - 5075 - 8

Ⅰ. ①服…　Ⅱ. ①林…　Ⅲ. ①服务经济学 - 高等学校

- 教材　Ⅳ. ①F063. 1

中国国家版本馆 CIP 数据核字（2023）第 162532 号

责任编辑：杜　鹏　武献杰　常家凤

责任校对：孙　晨

责任印制：邱　天

服务经济学

林吉双　主编

经济科学出版社出版、发行　新华书店经销

社址：北京市海淀区阜成路甲 28 号　邮编：100142

编辑部电话：010 - 88191441　发行部电话：010 - 88191522

网址：www. esp. com. cn

电子邮箱：esp_ bj@ 163. com

天猫网店：经济科学出版社旗舰店

网址：http：// jjkxcbs. tmall. com

固安华明印业有限公司印装

787 × 1092　16 开　7.75 印张　180000 字

2023 年 8 月第 1 版　2023 年 8 月第 1 次印刷

ISBN 978 - 7 - 5218 - 5075 - 8　定价：29.00 元

前　言

自 21 世纪以来，我国承接美、欧、日等国家和地区的国际服务外包呈加速发展之势；2022 年，承接服务外包执行金额为 16 514 亿元人民币，同比增长 10.3%[①]，目前我国已经成为全球服务外包的主要接包国和发包国。伴随服务外包产业的迅速发展，我国能熟练从事国际服务外包业务中高端人才的短缺问题日前凸显出来。因此，尽快培养国际服务外包产业所需的中高端人才，已成为促进我国服务外包产业持续、快速和健康发展的当务之急。

广东外语外贸大学国际服务外包研究院和国际服务外包人才培训基地，是全国普通高等院校最早成立的国际服务外包研究和人才培训的专门机构。2009 年 10 月以来，国际服务外包研究院承接国际服务外包的理论研究和政府咨询等各类课题 100 余项，获省级领导以上批示的研究报告 20 余篇，撰写的产业发展规划研究报告有多份被省、市、园区以政府文件形式发布；目前，广东外语外贸大学国际服务外包研究院已成为华南地区国际服务外包理论研究中心、政府决策咨询智库。十年多来，广东外语外贸大学国际服务外包人才培训基地共培训软件架构师、软件测试工程师和网络工程师等 IT 类高校"双师型"教师 300 余人；培养和培训 ITO、BPO、KPO 等适用型大学毕业生 5 000 余人；为东风汽车集团、IBM、西艾、从兴等服务外包企业定制培训服务外包商务英语和相关业务流程专业人才 2 000 余人；培训服务外包企业和政府中高层管理人员 20 000 余人。经过几年来对服务外包人才培养模式与实践的有益探索，广东外语外贸大学国际服务人才培训基地已成为广东省服务外包"双师型"教师资源库、大学毕业生适用型人才交付中心、企业和政府管理人员短期培训中心。

广东外语外贸大学作为广东省国际服务外包中高端人才培训基地，为更好地发挥学校在国际化人才培养的优势，进一步提高国际服务外包和国际服务经济人才培养的质量，特组织专家学者编写了本套教材。包括《服务外包客户关系管理》《服务外包项目管理》《服务外包企业战略管理》《商务交际日语》《商务谈判日语》《商务会谈技巧英语》《商务沟通英语》《软件开发中级英语阅读

[①] 数据来源于中国商务部官网、中国服务外包研究中心官网。

与写作教程》《软件测试中级英语阅读与写作教程》《服务外包概论》《广东国际服务外包案例》《国际服务外包营销》《印度国际服务外包经典案例》《服务外包园区发展的理论与实践》《国际服务经济概论》《国际服务贸易战略与实务》《国际金融服务实务》《国际服务经济组织与管理概论》《服务经济学》《Java 软件工程师培训教程》《云计算基础、应用与产业发展》《数据挖掘基础与应用实例》《物联网基础、应用与产业发展》《跨境电子商务概论（进口篇)》《跨境电子商务概论（出口篇)》《服务外包英语沟通与交流技巧》《西方公共服务外包理论政策与实践》《服务外包日语交流与沟通技巧》《艺术创意与经典案例》等近 30 部。

　　培训国际服务外包和国际服务经济产业所需的中高端人才是一项系统工程，其中，编写出能够既反映国际服务外包和国际服务经济发展理论，又符合国际服务外包和国际服务经济发展实践的教材就尤其重要。我们希望本套教材的出版能够为国际服务外包和国际服务经济人才的培养尽一份力量；同时，我们也真诚地欢迎各位读者对本套教材的不足之处提出修改的意见和建议，以期进一步提高我们教材编写的质量。

　　本教材由广东外语外贸大学国际服务经济研究院林吉双教授主编，负责教材的理论框架体系设计、统稿。参加编写的主要人员分工如下：第一章、第八章（林吉双，广东外语外贸大学国际服务经济研究院教授），第二章、第五章（刘恩初，广东外语外贸大学国际服务经济研究院教师），第三章、第六章（刘乾，广东外语外贸大学国际服务经济研究院副研究员），第四章（刘交交，广东外语外贸大学南国商学院管理学院教师，广东服务业数字化发展与管理创新研究基地研究员；陈和，广东外语外贸大学国际服务经济研究院院长、研究员），第七章（林吉双，广东外语外贸大学国际服务经济研究院教授；孙波，广东外语外贸大学国际服务经济研究院副院长，研究员）。在本教材的编写过程中，我们参考和引用了大量的教材、著作和期刊论文，鉴于我们的水平有限，本教材难免存在一些不足，敬请读者指正，以便我们今后进一步修改和完善。

广东外语外贸大学国际服务外包教材编写委员会
2023 年 3 月

目　　录

第一章　服务、服务业、服务经济 ·· 1

　　第一节　服务的概念和特征 ·· 1

　　第二节　服务业的定义和分类 ·· 3

　　第三节　服务经济的概念、内涵和特征 ·· 5

　　第四节　服务经济学研究的对象、内容和方法 ···································· 7

第二章　服务业的核算 ·· 11

　　第一节　服务业的核算方法 ·· 11

　　第二节　服务业的核算范围 ·· 19

　　第三节　中国服务业核算实践 ·· 23

第三章　服务业的竞争力 ·· 32

　　第一节　服务业国际竞争力评价 ·· 32

　　第二节　服务业区域竞争力评价 ·· 36

　　第三节　服务业竞争力影响因素与提升路径 ······································ 43

第四章　服务业的创新发展 ·· 48

　　第一节　服务业创新的环境 ·· 48

　　第二节　服务业创新发展的内涵 ·· 50

　　第三节　服务业创新的必要性 ·· 58

　　第四节　服务业创新的实现路径 ·· 61

第五章　服务业的产业融合与发展 ·· 63

　　第一节　服务业的产业融合：基本范畴与分析框架 ································ 63

　　第二节　生产性服务业与制造业融合发展 ·· 67

　　第三节　生产性服务业发展政策建议 ·· 71

第六章 服务业的增长 ·························· 74

第一节 服务业增长规律 ···················· 74

第二节 服务业生产率 ······················ 84

第七章 服务业的开放发展 ···················· 92

第一节 服务业开放度测算 ·················· 92

第二节 服务业开放发展 ···················· 93

第八章 服务业的发展规制与政策 ············ 103

第一节 服务业规制的基本知识 ············ 103

第二节 各国服务业发展规制与政策 ········ 104

第三节 中国服务业发展规制与政策 ········ 107

参考文献 ···································· 112

第一章 服务、服务业、服务经济

第一节 服务的概念和特征

一、服务的概念

在经济活动中，服务或服务产品通常是与货物或货物产品相对应的。那么，什么是服务呢？

（一）服务是一种有使用价值的商品

经典作家马克思指出，一般说来，服务用以表示劳动所提供的特殊使用价值，和每个其他商品都提供自己的特别使用价值一样；但它成了劳动的特别使用价值的特有名称，因为它不是在一个物品的形式上，而是在一个活动的形式上提供服务①。服务管理学家泽斯曼尔（Zeithaml）在其1996年所著的《服务营销》一书中提出，可以把服务看成是一项商品，但是其所拥有的特性与实体产品有很明显的差异。国内学者李江帆（1984）认为，以服务形式存在的消费品虽然具有自己的特点，但也具有能够作为价值承担的使用价值，因而也是具有价值的产品②。

（二）服务是一种创造价值的活动

斯坦顿（Stanton，1975）认为，服务是用来满足需求的一种无形活动或行为，这些行为并不一定与出售有形货品有所关联，整个生产与销售的过程就是一种服务；市场营销学家科特勒（Kotler，1980）认为，服务是一个组织提供另一个群体的任何活动或利益，服务基本上是无形的③；国内学者陶永宽（1987）认为，服务是一个经济范畴，一般地说，服务是以活动的形式提供给消费者的具有特殊使用价值的劳动④；洛夫洛克（Lovelock）在其1996年所著的《服务营销》中提出，服务是指在某一特定时间与地点，针对顾客所提出的一种价值创造与利益活动。

---

① 《马克思恩格斯全集》第26卷 [M]. 北京：人民出版社，1977：456－457.
② 王朝阳. 服务经济研究的动态与热点——基于25位经济类重要学术杂志的统计分析 [J]. 经济学动态，2012（9）：95－100.
③ 邢丽娟，李凡. 服务经济学 [M]. 天津：南开大学出版社，2014：12
④ 陶永宽. 建立社会主义服务经济学的若干问题 [J]. 上海社会科学院学术季刊，1987（3）：40－47.

（三）服务是一种生产消费互动的关系

服务管理代表人物格罗鲁斯（Gronroos）在其 1987 年所著的《服务管理与营销》中提出，服务是种或多或少具有无形性活动，这些活动主要依靠客户与活动提供者或客户与设备间的互动进行，而这些互动的进行，也可以同时向客户提供问题的解答。克罗鲁斯认为，服务是由一系列或多或少具有无形性的活动所构成的过程，这种过程是在顾客与服务提供者、有形资源的互动关系中进行的，这些有形的资源（或有形产品、有形系统）是作为顾客问题的解决方案而提供给顾客的；国内学者黄维兵在其 2003 年出版的《现代服务经济理论与中国服务业发展》一书中提出，服务是一个经济主体使另一个经济主体增加了价值，并主要以活动表现的使用价值，强调了服务提供者与顾客之间的互动关系。

二、服务的特征

（一）无形性

通常情况下，服务是没有形状、尺寸、质量等空间形态的，不像货物那样，服务是看不见和摸不着的。从服务的供给者看，其无法向服务的需求者说清楚服务的形态和品质；从服务的消费者看，其也无法感知服务的形态和质量，比如理发等传统服务。但是，随着科学技术的发展，很多服务日趋呈现纸制化和数字化特征，因而也呈现出"有形化"，比如设计方案的图纸化、数字程序软件的硬盘化、理发服务的可视化等。

（二）生产和消费的同步性

对于一些服务来说，服务既是服务供给者的生产活动，也是服务需求者的消费活动，服务是生产活动和消费活动的统一，服务的生产和消费呈现同步性特征，比如交通和运输服务。但是，随着新一代信息技术的发展，很多现代服务具有了可储存性的特征，如各类教育课程的电子化和数字化，使服务生产和消费的非同步性变成现实，促进了服务生产和服务消费的发展。

（三）易逝性

由于各种原因如服务生产和消费的同步性，导致服务无法储存、分割和流通，生产多少就必须使用多少，具有很强的易逝性。比如一个有 200 个座位的飞机，如果某天某个航程只有乘客 158 人，那它剩余的 42 个座位是难以储存起来用到下个航程的。因此，服务一旦未被售出或消费，其价值就不能得以实现。

（四）异质性

因为服务提供者的认知、学识和经验的差异，同样的服务如导游服务，其服务质量可能会有所不同；也由于服务消费者因其个人的认知、评价标准和心理感受不同，对同一服务提供者提供服务的质量评价也会不同；还有，有些服务确实存在着难以标准化和规范化等问题。

第二节　服务业的定义和分类

一、服务业的定义

什么是服务业，学者和相关机构从不同角度对其进行了界定。

（一）用"第三产业"来定义服务业

经济学家费希尔（Fisher）在 1935 所著的《安全与社会的冲突》一书中最先提出了第三产业的概念，并根据这一概念将经济活动分为第一产业、第二产业和第三产业这三个部门，这也形成了国民经济三次产业分类方法。

（二）用收入和就业人数定义服务业

经济学家克拉克在其1941年所著的《经济进步的条件》一书中提出，所有国家在经济进步过程中具有一般性的规律，这个规律就是劳动人口由农业转移到制造业，再从制造业转移到商业和服务业。根据这一规律，一些学者根据企业营业收入作为划分标准，把营业收入50%以上来自服务产品的企业定义为服务业；根据行业内从业人员中凡服务人员较生产作业人员的人数多者，称该行业为服务业。

另外，也有些学者从其他不同角度定义了服务业。刘志彪（2015）对服务业定义进行梳理后认为，目前界定存在两种不同的见解，一种派别是通过界定服务业的内涵，把从事生产、经营符合服务内涵的行业称为服务业，如日本将服务产业界定为以为需求服务者提供服务为目的的产业；另外一种派别则采取排他性定义，这意味着服务业具有剩余产业的意味，凡是不能划入第一产业和第二产业的其他部门统称服务业[①]。

二、服务业的分类

关于服务业的分类，分类方法不同，服务业的分类结果也不同；目前，服务业的分类有很多种；本书主要介绍两种分类方法及其分类。

（一）根据服务业对象分类

美国经济学家格鲁伯（Gruber）和沃克（Walker）在其1993年合著的《服务业的增长：原因与影响》中，从服务业的对象出发将服务业分为三个部分：为个人服务的消费者服务业、为企业服务的生产者服务业和为社会服务的政府/社会服务业。具体情况见表1-1。

---

① 刘志彪，等．现代服务经济学［M］．北京：中国人民大学出版社，2015：8.

表 1-1   按服务业对象划分的服务业

类型	生产者服务业		消费者服务业	政府/社会服务业
功能	满足厂商的生产需求		满足个人最终需求	提供公共产品
阶段	中间需求		最终需求	中间需求和最终需求
内容	交通、物流、批发及零售服务业	研发、设计、咨询、会计、法律及信息服务业	文化艺术、娱乐休闲及餐饮服务业	医疗、教育、政府、公益及社会福利服务业
特点	可以实现标准化	难以实现标准化	人性化、个性化	较难标准化
收入弹性	不明确	不明确	较高	较高
劳动生产率	可以提高	难以提高	难以提高	较难提高
就业特征	吸纳能力不强	吸纳能力较强	吸纳能力强	吸纳能力中等
服务性质	资本和技术密集型	人力资本密集型	劳动力密集型	人力资本密集型

在服务业的统计核算实践上，一些国家也以此为依据，将服务业划分为生产性服务业和生活性服务业（其中包括社会性/政府性服务业）两大类。以我国发布的服务业统计分类为例，2014 年发布了生产性服务业统计分类，生产性服务业包括为生产活动提供的研发设计与其他技术服务，货物运输、通用航空生产、仓储和邮政快递服务，信息服务，金融服务，节能与环保服务，生产性租赁服务，商务服务，人力资源管理与职业教育培训服务，批发与贸易经纪代理服务，生产性支持服务十大类；2015 年发布了生活性服务业统计分类，生活性服务业包括居民和家庭服务，健康服务，养老服务，旅游游览和娱乐服务，体育服务，文化服务，居民零售和互联网销售服务，居民出行服务，住宿餐饮服务，教育培训服务，居民住房服务，其他生活性服务十二大领域。

（二）根据服务业技术含量分类

刘志彪在其 2015 年所编著的《现代服务经济学》一书中提出，传统服务业往往是指早于现代制造业存在的服务产业，这些行业提供的服务往往是传统技术知识密集度较低的服务；现代服务业是初步发展于工业革命到第二次世界大战期间，确立于 20 世纪 80 年代，随着现代制造业的出现以及民众生活方式的变化而发展起来的技术知识含量较高的服务业。具体情况见表 1-2。

表 1-2   按服务业技术含量划分的服务业

类型	传统服务业	现代服务业
内容	家庭、零售、旅行等服务业	研发设计、金融保险、营销、商务、咨询等服务业
服务性质	劳动密集型	知识技术密集型
特点	即时性、不可贸易性、所有权的不可让渡性	可贸易性、较高的异质性

第三节　服务经济的概念、内涵和特征

一、服务经济的概念和内涵

（一）服务经济的概念

服务经济是20世纪60年代以来西方发达国家经济呈现的经济服务化趋势加速发展而兴起的新概念。美国经济学家福克斯（Fuchs）于1968年首先提出这一概念，他在《服务经济学》一书中指出，美国在西方发达国家中已经首先进入"服务经济"社会，同时认为服务经济在所有发达国家都已开始出现。他认为，服务业增加值占比50%以上、服务业就业占比50%以上的经济形态就是服务经济。美国社会学家贝尔（Bell）在其1973年所著的《后工业社会的来临：一个大胆的社会预言》一书中提出了社会发展的三阶段理论，即前工业社会、工业化社会和后工业社会，后工业社会的生产和消费不再以物质产品为主而以服务为主，其经济本质与服务经济高度吻合。

20世纪90年代，服务经济概念与理论传入我国，一些学者开始进行相关研究。夏杰长（2010）等认为，服务经济时代即服务经济将占据国际经济主导地位①；周振华（2010）更是将服务经济定义为，以知识、信息和智力要素的生产、扩散与应用为经济增长的主要推动力，以科学技术和人力资本的投入为核心生产方式，以法治和市场经济为制度基础，经济社会发展主要建立在服务产品的生产和配置基础上的经济形态②。

服务经济是近40年兴起的一个新的概念，国内外学术界对其还没有一个明确的定义，通常使用以下三种定义法中的一种：第一种是"规模定义法"，即定义"服务业GDP占比50%以上，且服务业就业占比50%以上的为服务经济"；第二种是"对比定义法"，即定义"与工业经济、农业经济形成对比，有特殊性质的经济形态为服务经济"；第三种是"阶段定义法"；即"农业经济、工业经济的顺序发展以后的经济阶段为服务经济阶段"。

我们综合以上三种模式，将服务经济定义为："以知识、信息和智力要素的生产、扩散与应用为经济增长的主要推动力，以科学技术和人力资本的投入为核心生产方式，以法治和市场经济为制度基础，经济社会发展主要建立在服务产品的生产和配置基础上的经济形态。"③

（二）服务经济的内涵

1. 服务经济是一个产业门类。从产业门类上看，服务经济是服务业各行业的集合或统称。服务产业所提供的产品形态，与农业和工业两个产业所提供的实物有形产品相比，服务业所提供的是非实物无形服务产品；服务业是服务经济的重要载体，服务业的出现和发展是

---

① 夏杰长. 迎接服务经济时代的来临 [J]. 财贸经济, 2010 (11)：11 – 12.
②③ 周振华. 服务经济的内涵、特征及其发展趋势 [J]. 科学发展, 2010 (7)：3 – 14.

服务经济形成和发展的前提和重要内涵。

2. 服务经济是一种新的经济形态。服务经济作为一种新的、更高级的经济形态，一方面表现为经济驱动的要素人力资本密集性，与农业经济投入的自然资源（主要包括土地和体力劳动者等）、工业经济投入的物质资本（主要包括劳动力和资本）相比，服务经济投入的主要是人力资本（主要包括知识、技术和信息等）；另一方面，表现为这种经济形态使国民经济日益服务化，这不仅表现在服务业增加值占 GDP 的 50% 以上及其自身的高度发展，更表现在服务业对其他产业引领、支撑、促进、协同和融合的发展作用，从而使得国民经济日益服务化发展。

二、服务经济的特征

（一）产业发展服务化

产业发展服务化主要包括两个方面：一方面，产业结构日益服务化，表现为服务业不仅成为国民经济中的第一大产业，而且服务业占国民经济的比重持续上升；另一方面，农业和工业等生产型产业内部服务性活动的发展与重要性持续提升，从而改变了这些产业单纯的生产特点，形成了生产—服务型体系，产业的产出为物质产品和服务产品，且服务产品增加值占产业增加值的比重持续上升，如 1980 年美国工业增加值就已经有 75% 以上由工业内部的服务性活动所创造。

（二）要素投入服务化

要素投入服务化指的是随着信息技术、数字技术和智能技术的不断发展，经济发展活动中所投入的生产要素日益服务化。主要表现在，一方面，人力资本要素已经成为经济发展的核心要素；同时，研发设计、金融商务、营销物流等生产性服务投入日益成为各产业中间投入的主体；另一方面，在数据继劳动、土地、资本和技术之后成为数字经济发展不可缺少的生产要素条件下，数字和数据等服务的投入数量和质量将影响和决定着数字经济发展的成败。

（三）价值创造服务化

价值创造服务化主要包括两个方面：一方面，随着经济日益服务化，产品也日趋服务化，产品的价值也主要由无形的服务功能所决定，如特斯拉汽车、苹果智能手机的性能主要是由软件等服务所决定。另一方面，随着服务日益产业化，服务也日趋产品化，服务的价值已成为宏观经济和微观企业价值创造的主要来源。如全球航空、汽车、生物医药和电子信息业收入排名前十的企业，他们服务收入的占比都超过销售收入的 50%，如 IBM 等。

（四）消费需求服务化

消费需求服务化指的是消费者的服务需求会逐步取代实物需求，服务需求将成为消费者需求的主要构成部分。发达国家消费者的消费结构表明，一方面，随着国民收入水平的不断提高，用于吃穿用等生存型的物质消费需求比重逐渐降低，用于教育、健康、文化娱乐等发展型和享受型需求比重不断上升，且因服务消费需求有较大的收入弹性而持续增长；另一方面，消费者物质产品消费在数量趋于饱和后转向追求服务质量更高的物质产品，物质产品服务的个性化和多样化也得到蓬勃发展。

第四节　服务经济学研究的对象、内容和方法

一、服务经济学的研究对象

自美国经济学家富克斯（Fuchs）所著的《服务经济学》于1968年问世以来，经过国内外服务经济学者五十多年的持续不断的研究和探索，服务经济学已经发展成为一门新兴的应用经济学科，形成了比较完整的学科体系、理论框架和研究方法。国内外学者由于在经济学科研究对象方面长期存在的思想认识差异，对服务经济学研究对象的理解和认识也存在较大不同。

国外学者对服务经济学研究对象的理解和认识主要集中在服务、服务业发展、服务经济增长和服务经济公共政策等具体内容上。如富克斯（Fuchs）在其《服务经济学》一书中，以实证的方法对第二次世界大战后美国从工业经济过渡到服务经济的进程中服务业就业人数的增长及其原因、各服务行业之间在生产率变化方面的差异以及服务业工资、服务经济增长对国民经济的影响等重要方面进行了分析；从中我们可以看出，富克斯是把研究重点放在服务业发展和服务经济增长上。再如加拿大格鲁伯和沃克在1993年共同完成出版的《服务业的增长：原因与影响》一书中，将服务业就业、服务业生产率、服务贸易等服务业增长的相关问题作为主要的研究对象等。还有，瑞典学者詹森（Jansson）在其2006年所著的《服务经济学：发展与政策》一书中对服务经济学的微观基础（包括服务生产成本、服务价格和服务区位模式等）、服务经济发展的驱动力、服务经济的公共政策等内容作了系统梳理和分析，将服务经济的公共政策也纳入研究对象。

国内学者对服务经济学研究对象的理解和认识主要集中在服务、服务性质、服务关系、服务规律上。白仲尧（1987）认为，服务经济学是研究服务产品的生产和交换过程中的经济关系及其规律的科学[①]。

陶永宽等在其1988年出版的《服务经济学》一书中指出，服务经济学是研究服务关系及其变化规律的科学；高涤陈和白景明在其1990年出版的《服务经济学》著作中提出，服务经济学的研究对象是服务经济领域内的经济关系和交往关系。

---

① 白仲尧. 谈谈服务经济学的研究对象 [J]. 财贸经济, 1987 (4)：47 – 50.

二、服务经济学的研究内容

（一）服务经济发展影响因素研究

（1）服务业发展动因。周振华在其2013年所著的《服务经济发展——中国经济大变局这趋势》一书中写到，服务经济发展的动因包括需求因素（消费需求和中间需求）、供给因素（技术进步和服务创新）和其他因素（服务价格、产业政策和资源与环境条件）等。

（2）服务业发展影响因素。江小涓和李辉（2004）考察了我国服务业发展与内部结构的变化，将我国服务经济发展的相关数据与世界其他国家的数据进行比较，从多个角度用不同的数据样本建立了多元回归分析模型，得出收入水平、消费结构、城市化等因素变化对服务业发展影响很大的结论[①]。

（二）服务业增长研究

（1）服务业生产率。徐宏毅等（2005）对中国1992～2002年服务业全要素生产率进行了测度，发现在过去的10年中，服务业全要素生产率对中国经济增长的贡献达42.5%，并且这一贡献主要来自技术进步[②]；夏杰长等（2019）对中国2007～2016年服务业全要素生产率进行了测算，发现在细分服务行业中，房地产和金融业等17个行业的技术进步程度，高于公共管理和社会组织以及卫生、社会保障和社会福利等行业[③]。

（2）服务业与经济增长关系。白仲尧等（2004）认为，服务业具有经济增长力、生产推动力、产业协调力、劳动吸纳力、社会凝聚力、形象感召力、设施承载力、安全保障力等多重作用，因而能极大地提高综合国力[④]；李勇坚（2005）对经济发展与服务业相关性问题进行梳理，尤其对中国的情况进行实证分析，结果表明，尽管随着GDP的快速增长，服务业所占的比重在不断上升，但人均收入差异阻碍着这种上升的速度[⑤]。郑吉昌和夏晴（2004）指出，服务业与经济发展之间并非简单的因果关系，而是一种不断加强的唇齿相依的双向互动关系[⑥]；程大中在其2006年所著的《中国服务业的增长、技术进步与国际竞争力》一书中把我国服务业增长放到内生经济增长模型的框架下分析，提出提高服务业生产效率，特别是发展高生产率的现代服务业，有助于提高人力资本积累率并推动整体经济长期增长。

（3）服务业高质量发展。姜长云（2019）研究了服务业高质量发展的内涵与要求，探讨了服务业高质量发展的战略目标和政策体系，提出形成一批顺应服务业高质量发展需求的企业和企业家，营造有利于服务业高质量发展的营商环境，培育契合服务业高质量发展要素

---

① 江小涓，李辉. 服务业与中国经济：相关性和加快潜力 [J]. 经济研究，2004（1）：4-15.
② 徐宏毅，等. 计量经济学在中国服务业生产率测度中的应用 [J]. 华中科技大学学报（自然科学版），2005（4）：101-103.
③ 夏杰长，等. 中国服务业全要素生产率的再测算与影响因素分析 [J]. 学术月刊，2019（2）：34-43.
④ 白仲尧. 服务业与综合国力的关系 [J]. 财贸经济，2004（8）：75-80.
⑤ 李勇坚. 经济增长中的服务业：理论综述与实证分析 [J]. 财经论丛，2005（5）：1-7.
⑥ 郑吉昌，等. 国际转移背景下的中国服务业—发展空间与对策 [J]. 国际贸易，2005（11）：13-16.

的产业生态，创新完成包容审慎的服务业监管框架和政策体系①；刘奕和夏杰长（2018）提出高质量发展阶段，服务业发展的潜力在于产业整合、服务创新和传统服务业转型升级三个方面；为实现服务业高质量发展的目标，应鼓励竞争、扩大开放，统筹服务创新资源，推动多利益相关方协同治理的同时，运用灵活多样的政策手段减轻企业负担②。

（三）服务业创新发展研究

（1）服务业创新分类、特征和模式研究。陈劲和陈玉芬在2004年合著的《赢在服务创新》一书中，对有关服务创新的分类、特征、模式等方面内容进行了系统分析；魏江等在其2004年所著的《知识密集型服务业与创新》一书中，研究和探讨了服务创新和知识服务业创新的基本理论问题；任兴洲和王微（2017）认为，新一轮科技革命促进了服务业分工的持续深化，在服务业态、商业模式、运作方式和管理方式上的更迭将成为常态③；夏杰长和肖宇（2019）总结了中国当前服务创新的主要模式及服务创新与服务业转型升级之间的理论关系，强调服务创新的数字化、平台化、融合化、标准化和品质化等方面的内容④。

（2）服务业网络化、数字化和智能化创新发展研究。任兴洲（2015）提出，未来"互联网＋"的重点应是运用互联网改造传统产业，促进新一代信息技术和现代制造业、生产性服务业的融合创新，发展壮大新兴模式和产业，有利于促进经济新增长点的发展，增强经济发展的新动力⑤；崔向林和罗芳（2017）重视服务业网络化、数字化和智能化发展对制造业的影响与协调发展问题，特别要关注制造服务化、服务制造化与互联网的高度融合发展⑥；来有为和刘欣（2019）认为，美团点评等互联网餐饮服务平台显著改善了我国餐饮商户的经营状况，应大力推动餐饮行业的数字化升级，引导餐饮商户和美团点评等互联网平台融合发展⑦。

（四）服务业开放发展研究

（1）服务业开放度测算。周茂荣等（2009）梳理了对外开放度测算方法，总结出贸易开放度（包括基于规则和基于结果的两种贸易开放度测算方法）、金融开放度（包括基于规则和基于结果的两种金融开放度测算方法）和综合对外开放度（包括国际贸易、国际金融和国际投资三个指标，指标权重采取主观赋值法）⑧。

（2）服务业开放重点难点。叶辅靖（2018）提出我国服务业扩大开放的主攻方向，包括大幅放宽市场准入、分步骤分阶段扩大服务贸易与投资自由化和有针对性地清理与革新边

---

① 姜长云. 服务业高质量发展的内涵界定与推进策略 [J]. 改革，2019（6）：41-51.

② 刘奕，等. 推动中国服务业高质量发展：主要任务与政策建议 [J]. 国际贸易，2018（8）：53-59.

③ 任兴洲，等. "互联网＋流通"究竟到了哪一步 [J]. 经济日报，2017-5-26.

④ 夏杰长，等. 以服务业创新推动服务业转型升级 [J]. 北京工业大学学报（社会科学版），2019（5）：61-71.

⑤ 任兴洲. 推进互联网与产业融合创新发展 [J]. 经济日报，2015-10-8.

⑥ 崔向林，等. 互联网＋背景下上海市生产性服务业与制造业协调发展研究 [J]. 上海经济研究，2017（11）：68-74.

⑦ 来有为，等. 2019年中国餐饮商户发展报告 [J]. 发展研究，2019（8）：68-71.

⑧ 周茂荣，等. 对外开放度测度研究述评 [J]. 国际贸易问题，2009（8）：121-128.

境内措施、以改革促开放两个方面；王晓红（2018）认为，我国服务业开放的重点和难点在于优化服务业外资营商环境和加强服务业事中事后监管创新等①。

（3）服务业开放的作用。陈明和魏作磊（2016）运用计量模型检验了我国 2005～2012 年服务业开放对产业结构升级的影响，得出的结论表明服务业开放与产业结构升级之间的关系具有较强的稳定性②；李眺（2016）实证研究了服务业开放和我国现有产业结构特征对有关服务业生产效率的影响，研究发现进入规制显著地抑制了批发零售业、交通运输、仓储及邮政通信业和金融保险业生产率的增长③；张云和曹啸（2022）以 2006～2019 年中国地级及以上城市的数据为样本，基于 2016 年起实施的服务贸易创新发展试点的准自然实验，使用双重差分法实证检验了中国服务开放对城市服务业效率的影响，研究结果表明中国服务业开放显著提高了城市服务业效率，试点城市的服务业效率提升约 15.4%④。

服务经济学研究的内容还包括服务业的产业融合与发展研究、服务业的发展规制与政策研究，等等。

三、服务经济学的研究方法

服务经济学作为一门应用经济学科，起步较晚；学者们在研究服务经济学的过程中主要运用的还是经济学的研究方法，主要包括规范研究方法和实证研究方法；使用的实证分析工具主要包括均衡与非均衡分析，静态与动态分析，静态均衡、比较静态均衡和动态分析，定性和定量分析等。

（一）规范经济学研究方法和实证经济学研究方法

规范经济学研究方法是指依据一定的价值判断，提出分析和处理经济问题的标准，以此树立起经济理论的前提，作为制定经济政策依据的一种方法。由于经济资源是稀缺的，在面临其多种用途上就必须作出选择，而作何选择必须依靠一个评价标准，评价标准就是进行经济活动的规范。规范经济学研究方法所要解决的是"应该是什么"的问题。

实证经济学研究方法是在价值中立的条件下，以对经验事实的观察为基础来建立和检验经济理论命题的各种方法的总称。实证经济学研究方法的任务是提供一种一般化的理论体系，用来对有关环境变化对人类经济行为所产生的影响作出正确的预测；它所解决的"是什么"的问题。

（二）实证分析工具

实证分析工具主要包括均衡分析与非均衡分析，静态分析与动态分析，静态均衡分析、比较静态均衡分析和动态均衡分析，定性分析与定量分析等。

---

① 叶辅靖. 我国服务业扩大开放的主攻方向 [J]. 国际贸易，2018（12）：34－39.
② 陈明，等. 中国服务业开放对产业结构升级的影响 [J]. 改革，2016（4）：24－32.
③ 李眺. 服务业开放与我国服务业的生产效率研究 [J]. 产业经济研究，2016（5）：102－110.
④ 张云，等. 服务开放、技术创新与城市服务业效率 [J]. 统计与决策，2022（3）：119－123.

第二章　服务业的核算

第一节　服务业的核算方法

一、服务和服务业核算的特点

（一）服务的特点

服务业涉及服务产品的生产、交换、分配和消费。与实物产品相比，服务产品是无形的，服务活动具有多样性和复杂性，因此，服务具有自身的典型特点。

根据联合国 1993 年 SNA（国民账户体系）的总结，服务主要具有以下六个特点。

（1）服务所有权具有非独立性。由于服务的生产过程也是消费过程，服务消费不能脱离生产而单独进行，当生产完成时，服务必须提供给消费者。因此，服务产品不能像货物那样有独立的所有权。

（2）服务具有使用价值。服务是一个单位为其他单位的利益而进行的活动。这是服务存在市场的前提，否则，服务业将不能得到发展。

（3）服务的提供形式具有多样性。大部分的服务是根据消费者的具体需要而提供的，相同的服务可以有不同的产出。有些服务也可以同时向一批人或单位提供。如运输，一列火车可以同时运送一批人或一组货物。有些服务可以提供给整个社会或社会的大部分，如政府提供的公共服务、国防、法律和社会秩序的维护等。

（4）服务对消费者的影响具有多样性。商业、交通运输、仓储、包装、清洁、修理等活动能改变消费品的现状满足消费者的需求。医疗卫生、运输、旅游、教育、咨询、娱乐等服务能改变消费者的身体状况和精神状况满足消费者的需求。为生产提供保险金融、咨询等服务能改变一个单位的一般经济状况，等等。这些变化可以是临时性的，也可以是永久性的。

（5）部分服务产品具有实物特征。信息、新闻、咨询报告、计算机程序、电影、音乐等，它们一般储存在纸、磁带、唱片等物体中。这些产品具有货物的特征，但是定义为服务产品，因从满足人们的需求的角度，这些产品是满足人们的高层次的精神方面的享受。

（6）服务生产与销售活动具有同一性。服务的生产过程就是销售过程，不需要进一步的转卖和加工。因此，服务业产品的价格也是固定的，购买者价格与生产者价格一致。

（二）服务业核算的分类

服务的特点决定了服务业核算具有特殊性。根据服务业生产活动的性质，服务产出分为市场产出、自给性产出和非市场产出三种，因此，对服务业的核算也根据服务产出的不同而有各自的特点。

（1）市场产出。市场产出由市场生产者提供，市场生产是以营利为目的的服务企业，包括商业饮食业、运输业、居民服务业、广告和咨询服务业、金融保险业等。它们的大部分或全部产品都要在市场上销售。

（2）自给性产出。自给性产出也称为自身最终使用生产产出，是生产者自己生产并留作自身最终使用的服务，如自有房屋拥有者为自身最终消费生产的住房服务，企业自己生产并用于自身固定资本形成的服务。为自身最终使用的服务，按照在市场上出售的同类产品的价格估价，如果没有适当的市场价格，可用他们的生产成本估价。一般地，农民自产自用的服务，按照市场价格估价，居民自有房屋的最终消费，按照市场价格或者成本价格估价。

（3）非市场产出。非市场产出由非市场生产者提供，由党政机关、非营利的事业单位和为住户服务的非营利机构组成，他们主要为全社会或部分居民提供免费的或没有经济意义价格的服务，间或也出售一些次要的市场产出，以补偿成本或取得赢利，如博物馆出售复制品。非市场产出，特别是政府部门提供的服务是公共服务，由于本身具有非排他性，公共消费不能被控制，要让个人购买在技术上也是不可能的。同时，当公共服务的交易成本过高而且市场失灵时，价格机制也不能使用。因此，公共服务必须由政府单位集中组织，所需资金不是来自销售收入，而是来自财政收入。

由于非市场产出不是大量地在市场上出售，特别是公共服务，如国家机关的行政管理和国防是没有市场的，提供给住户的非生产性教育、保健或其他非市场服务也没有适当的价格。因此，一旦需要用价格来衡量，基于行政管理、社会或政治方面的原因，其价格会远远低于市场供求平衡的均衡价格，并且固定不变。这种价格既不反映相应的生产成本，也不反映消费者的偏好，不能为估价相应的产出提供一个适当的基准。同时，与非市场服务相类似的按市场导向生产的服务也不常见。即便有，两者往往在质量和数量上也存在很大的差别。也就是说，在大多数情况下，不可能找到与非市场服务相类似的市场服务，以便用市场服务的价格估价非市场服务。为了保证非市场生产者提供的各种非市场服务估价的一致性，对于非市场服务，联合国1993年SNA体系规定，按照其生产期间发生的成本之和估价，包括中间消耗、雇员报酬、固定资本消耗、生产税补贴。由于非市场服务的非营利性，其营业盈余总是假定为零。

二、国民经济核算与服务业核算

（一）中国国民经济核算模式的演变

国民经济核算简称国民核算（national accounting），是指通过一系列的科学核算原则和方法，把描述国民经济运行过程的部门、行业等收集整理的基本指标有机结合起来，反映整个国民经济运行状况的系统而详细的数据。我国国民经济核算原来实行的基本上是计划经济条件下的物质产品平衡表体系（system of material product balances，MPS）。经过一系列改革，我国于 1992 年提出了国民经济核算体系的试行方案，标志着我国国民经济核算体系步入了国际一体化的国民账户体系（system of national accounts，SNA）。1998 年国家统计局在总结多年实践的基础上，制定了新的国民经济核算体系；2002 年又进一步完善了国民经济核算体系方案，取得了新的发展。其演变过程可以划分为以下三个阶段。

（1）恢复期：沿袭物质产品平衡表体系，即 MPS。我国改革开放之初，世界上还存在两种不同的国民经济核算体系，即 MPS 和 SNA。二者在生产范围、指标概念、定义和编制方法上，都有明显差异。"文化革命"之后，我国刚开始恢复国民经济核算初期，仍沿用MPS 作为基本核算模式。当时计算的国民收入实际上是五大物质生产部门的净产值。由于SNA 为市场经济体制国家采用，MPS 为计划经济体制国家所采用，而我国当时尚未明确提出要建设社会主义的市场经济，因此仍采用 MPS 核算模式。

（2）改革期：研制混合体系。随着我国经济体制改革的不断深入和社会经济的发展，MPS 存在的一些局限性日益显现。因此如何学习与借鉴国际上的先进经验，探索建立符合我国国情的国民经济核算模式被提上了议事日程。1980 年底，国家统计局举办了国民经济核算学习班。1984 年，国务院成立了国民经济核算统一标准领导小组，明确提出要建立统一科学的国民经济核算制度。1985 年，国家统计局开始计算国内生产总值。1991 年，国家统计局提出了《中国国民经济核算体系（试行方案）》，经国务院批准，于 1992 年起在全国推行。《中国国民经济核算体系（试行方案）》借鉴了 MPS 和 SNA 的优点，采用板块式、积木式的结构，既能满足中国经济核算的需要，又可实现 MPS 和 SNA 之间的对比。

（3）成熟期：向 SNA 全面转型。1992 年党的十四大确立了建立社会主义市场经济体制的改革目标，预示着我国经济体制由计划经济向市场经济转变的改革拉开大幕。另外，随着整个国际形势的变化，原计划经济体制的大多数国家向市场经济体制转变。1993 年，联合国统计委员会第 27 届会议通过决议，取消 MPS，在全球范围内通用 SNA。1993 年，国家统计局停止了对 MPS 国民收入指标的核算，并对国民核算方案进行了重大调整。经过数年的实践，在总结经验的基础上，2002 年国家统计局颁布了《中国国民经济核算体系（2002）》。至此，中国国民经济核算的模式实现了向 SNA 的全面转型。

（二）服务业统计核算的历史变迁及现状

服务业统计核算是国民经济核算体系的重要组成部分，它所反映的信息是宏观经济决策和分析研究的重要依据。因此，服务业核算体系的建立及发展，不仅与经济形势的发展变化密切相关，而且与政治形势的发展变化密切相关。它是随着我国经济体制由计划经济体制到有计划的商品经济体制，再到社会主义市场经济体制的转变而变化的。服务业统计核算迄今为止已经历了三个阶段。

第一阶段为 1952～1984 年。我国在此阶段采用的是 MPS 体系，是从物质生产领域来核算的，服务业中只反映交通运输邮电业和商业，是当时高度集中的计划经济管理体制下的历史产物，而没有反映包括大量服务业在内的非物质生产部门发展的情况，但是与当时社会的经济基础和生产力发展水平的需要是相适应的。

第二阶段为 1984～1992 年。这一阶段是 MPS 和 SNA 两种核算体系共存阶段。1979 年，我国开始实行经济体制改革和对外开放政策，经济体制和经济结构随之发生了明显变化，人们的思想观念也有了较大改变。此前的 MPS 及其总量指标体系越来越难以反映经济运行情况，难以满足国家宏观经济管理的需要，也不利于国际间进行对比。1992 年我国各级政府统计部门按国家统计局制订的《中国国民经济核算体系（试行方案）》要求，顺应经济发展需要，正式建立服务业统计核算。在这一阶段，我国同时公布 MPS 体系的国民收入和 SNA 体系的国内生产总值，但仍然以 MPS 体系物质生产部门的国民收入指标为主。由于当时国民经济核算基础比较薄弱，服务业的行业划分还不能适应经济形势发展的需求。

第三阶段为 1992 年至今。随着国际政治经济环境变化和我国社会主义市场经济体制的不断发展，MPS 在反映国民经济发展变化方面的缺陷和不足越来越明显，因此国家统计局于 1993 年取消了 MPS 体系，建立与联合国新 SNA 接轨的中国国民经济核算体系新版本。服务业行业分为批发零售餐饮业、交通运输业、金融保险业、房地产业和其他服务业等共十二个行业，但尚未建立系统的服务业统计报表制度。随着社会主义市场经济的不断深化，服务业的规模、结构和发展水平已发生了深刻的变化，服务业在国民经济中的地位也逐渐提高，传统的服务业统计方法已难以适应经济社会发展的需要，建立规范完善的服务业统计制度势在必行。

我国现行服务业统计主要采取常规统计和周期性普查这两种形式，其中以常规统计为主。常规统计分为两类：第一类是传统服务业，主要以部门统计为主，即除部分服务业统计（批发和零售业、餐饮业、房地产开发业等）由国家统计局负责外，其他如金融保险业、邮政电信业、交通运输业、文化、体育、教育、卫生等服务行业统计由有关业务管理部门负责；第二类是一些新兴服务业（如商务服务业、娱乐业、租赁业和居民服务业等）主要由国家统计局负责抽样调查。周期性普查由国家统计局负责、有关部门参与。迄今为止，服务业普查已进行了五次。第一次是 1993 年第三产业普查，调查了 1991 年和 1992 年各类服务业的发展情况；第二次是 2004 年全国经济普查，将第三产业普查纳入经济普查，对第三产业进行了全面调查；第三次是 2008 年的全国经济普查；第四次是 2013 年的全国经济普查；第五次是 2018 年的全国经济普查。经国务院批准，全国经济普查每 10 年进行两次，分别在逢 3、逢 8 的年份实施。服务业普查是经济普查的重要组成部分。服务业统计调查有国家统计局审批、国家统计局登记备案、国家统计局与有关部门联合制发等三种管理方式。

三、服务业核算数据的收集

服务业核算同 GDP 核算一样，分为年度核算和季度核算。年度核算和季度核算在基本概念、口径范围、核算原则上是一致的。受资料的限制，季度核算与年度核算相比，在资料来源、计算方法上有所不同。从行业分类来看，年度核算将服务业细分为 14 个门类（未包括国际组织）、47 个行业；季度核算参照新的《国民经济行业分类》将服务业分为 6 大类，

第二章　服务业的核算

包括 5 个国民经济行业门类和 1 个合并行业（其他服务业）。从资料来源来看，年度服务业增加值核算资料来源有两种渠道，一是统计系统资料，包括运输邮电、商品销售、住宿餐饮、房地产、城乡居民收支、价格等各专业年度资料以及经济普查年度 GDP 核算资料、投入产出资料等。二是部门资料，包括交通、税务、工商、财政、旅游、金融等部门年度收支决算、资产负债资料等。季度服务业增加值核算资料同样来自统计系统和各部门，有所不同的是，计算增加值所需要的是相关资料的季度累计数据，如批发和零售业增加值的计算，依据限额以上批发和零售业社会消费品零售总额季度累计数作为间接依据进行计算。从核算方法来看，年度服务业现价增加值核算按生产法和收入法两种方法计算，以收入法计算结果为准，不变价增加值核算采用物量指数外推法和价格指数缩减法（单缩法）计算；季度服务业增加值核算以生产法核算为主，即只核算季度各行业增加值总量，现价增加值核算主要采用增加值率法和相关指标推算法，不变价增加值核算主要采用缩减法和不变价增加值速度推算法。如季度批发和零售业现价增加值 = 上年同期本行业现价增加值×当期零售额现价发展速度×调整系数（上年年度本行业现价增加值发展速度/上年年度零售额发展速度），季度批发和零售业不变价增加值 = 现价增加值/商品零售价格指数（即缩减法）。

从理论上看，服务业核算数据的详细程度取决于分类的详细程度。从实践中看，则取决于统计局的资料来源状况和填报单位的填报管理负担。事实上，这两个因素决定了任何国家的服务业核算数据的好坏程度。统计部门通过使用尽可能多的管理信息以及更有效的调查技术（通常需要在重要的行业构造更多的样本），来努力克服资料来源与填报负担这两个问题。在估算短期相关服务业相关统计数据时，往往借助常规企业调查的补充资料。例如，英国统计局大量使用增值税数据来估算季度增加值总量。这些补充信息通常与比较全面但时效性较差的基准年份的企业调查数据配套使用。这意味着对于短期统计而言，速度数据要好于总量数据，尤其是在补充数据不全面的情况下更是如此。由于对于经济统计数据的用户而言，他们所关心的往往是速度，因此，这么做应该是可以接受的。

对于经济分析而言，最重要的是要统计数据确定出哪一特定的服务行业增长最快，特别是那些在 ICT（信息与通信技术）部门内的成分，以及服务业内政策关注的焦点部门。因此，服务业异质性给核算数据收集所带来的问题首先就体现在如何缩减不变价。服务业价格指数的测算往往比农业和工业更加困难，因为服务产品是无形的，其数量很难被观察到。其次，很多服务活动本身是一次性的，缺少历史数据参考分析，如研究与开发（R&D）服务等。再次，服务业的质量、服务提供过程中的生产率、服务活动自身等都变化非常快，市场上出售的服务的特性以及销售项目也随实践经常变动。更为困难的是，服务质量很难量化。例如，有人认为，广泛使用的自动提款机意味着服务质量提高了，在他们看来服务的速度提高了。有人却持相反观点，自动提款机的出现是部分替代了面对面形式的客户界面，但服务质量是下降了。最后，一些复杂的定价方式以及供应商将不同的产品捆绑在一起的销售计划，也使服务的定价更加复杂化。

克服服务业价格指数模糊性的问题固然十分重要，但此处的关键因素是要确保服务业价格指数在国内、国际都是一致的。欧盟统计局的《国民核算中的价格与物量测算手册》为服务业价格与物量的测算提供了重要的参考。联合国城市小组沃尔堡小组近年来为某些特别服务行业复杂的定价问题提供讨论的论坛，以促进相关问题的解决。其中，服务业质量变化是弗伯格小组会议讨论的一个主要问题。沃尔堡小组的一项主要成果是形成了一个主文件，它描述了某个行业内最现实的定价技术，其中总结了目前各国是如何使用可行的并且是最适合他们国家情况的方法，来确定某行业价格指数。该文件以及各国通过弗伯格小组进行的国家间的交流，对各国形成新的PPI（生产者价格指数）或是对现存的PPI进行评价都很有帮助。近些年，渥太华价格指数小组特别致力于研究金融与电信服务、健康与社会服务以及其他一些与服务供应商越来越喜欢使用的复杂定价有关的价格指数问题。

在21世纪初，OECD与欧盟统计局联合成立了服务业价格短期统计工作小组，主要研究生产者价格指数。此工作小组一项询问显示，有20多个国家和地区在对服务业收集PPI（生产者价格指数）。其中，中国是唯一不属于OECD而进行此工作的国家。需要注意的是，各国收集国内服务业生产者价格指数的方法差异很大。澳大利亚、日本、新西兰、英国和美国在此方面的统计最为成熟，覆盖了大量的产业，而绝大多数欧洲国家只在最近才刚刚开始编制服务业PPI的工作。大部分编制服务业生产者价格指数的国家设立了电信业、旅馆业、海运与航空运输业的生产者价格指数。许多国家将力量集中在计算机服务业PPI的编制，因为计算机服务对GDP的贡献很大而且会越来越大。由于商业服务业包含大量的产品，其统计口径也存在较大的问题。在这些国家中，英国在服务业PPI编制方面做得很好。它公布了汽车维修、旅馆、餐饮业、铁路商务旅费、铁路货运、公交车及大轿车租赁、公路货运、商用渡船等31个价格指数。另外，它还非常积极地在开发非市场产出的物量指数。在英国，如今超过半数的一般政府产出（与消费）都可以用物量指数进行测算。

最常用的构造价格指数的方法有：投入法、小时酬金法、收费率法、模型定价法、奢侈品价格指数法、物量指标法、产出价格指数法等。下面介绍几种常用构造价格指数的方法。

（一）投入法

投入法是根据生产过程中投入的价格变动来代替产出价格的指数。一个极端的例子是将缩减后的中间消耗与最初投入之和作为不变价的总产出，通常被用来计算非市场产出。更常见的情况是，只就某一中间投入的价格进行测算。几乎在所有情况下，该指数都用服务业中相关行业的平均报酬率或工资率来估算。另外，还有一些不涉及价格变动的投入法。这些方法与下面将要介绍的物量指标非常类似，旨在测算产出或支出的物量。但当物量指标法试图直接测算产出的物量时，基于物量指标的投入法却并不直接。产出是根据基年的产出和当年的投入指数来进行计算的；通过隐含的产出缩减指数来计算得到不变价的产品支出。投入法的最大优点就在于资料相对便于收集，其一个明显的缺点是无法测度生产率或（与产品相关的）质量的变化，特别是在就业指数或工资指数不能反映劳动力构成变化时更是如此。对于产品变化快的产业，以及产品同质性弱的产业，这些缺点更为明显。

（二）小时酬金法

小时酬金（或酬金收入）法是根据分产品营业总额除以总工作时数编制的价格指数。这种方法与单位价值价格指数相似，经常用于按工作时数付酬的服务业。小时酬金法与使用工资指数的投入法的区别在于营业额中包含营业盈余、劳动者报酬及其他投入项。但对这两种方法而言，每小时产出的变动将被看作是价格变动而不是生产率变动。小时酬金法最好在产业分类非常细的时候使用，将产品尽可能地细分，并区分不同类型的劳动力。

与投入法一样，小时酬金法的优点很好理解，资料收集起来比较容易。两者的缺陷也相似，小时酬金法无法反映生产率的变动状况，有时也无法反映劳动力构成变动情况。例如，它无法反映由于生产率提高而导致的每小时产出的提高，而是全部看作是价格变动。小时酬金法也假定总产出与最初投入（劳动力人数或工作小时数）间的关系是清晰而稳定的。当产品同质性很低的时候，这一假定越发牵强。这使得应用小时酬金法比应用投入法受到更多、更严格的约束。投入法假定投入产品价格运动的同质性，小时酬金法则假定产出的同质性，换言之，所有的产品具有同样的价格。除非在分类非常详细的情况下用，否则，在实际中小时酬金法会导致错误的价格指数。

（三）收费率法

收费率法反映的是标准类型的工作每小时或每天的支付率，如一个会计师或律师每小时的收费。收费率法可以在计时（计天）付酬的情况下使用，收费率法与小时酬金法的区别正如单位价值指数与价格指数的区别。对小时酬金法而言其质量受产品同质性的影响，而对收费率法而言其质量则受产品代表性的影响。值得注意的是，收费率法并不是对产出进行报价，而是对每小时劳动投入进行报价，每小时劳动投入对应产出的不同是无法在收费率法中得到体现的。如果是对标准或非标准工作进行定价，不管完成其使用的时间，也不管完成的件数，那么，这种价格就是产出价格。

使用收费率法也比较容易收集资料，但它也无法反映生产率或质量变化。从缩减的角度来看，收费率法要优于小时酬金法，因为其隐含的同质性假设要求较弱，即只要求价格运动的同质性。从理论上讲，当产品分类到最细的时候，收费率法与小时酬金法得出的价格指数应该是相同的。在实际中，收费率法可能存在的问题是记录的支付率可能无法反映利润或中间使用。在这种情况下，收费率法与工资率法有近似之处。另外，收费率法存在着"目录价格"问题，即实际支付的价格由于折扣等原因与报价单中的价格相去甚远。

（四）模型定价法

模型定价法要求取得各价格指数典型产品（实际存在的或假设的）的报价。当产品同质性很差时一般使用模型价格，即产品今年与明年相差很远，特别是在某些领域产品几乎总是特有的。模型定价法与收费率法的不同在于，前者是针对最终产品收集报价，后者是针对最终产品收集成本。从理论上，模型定价严格定义为产出价格的测量。但是，在实际情况中并不总是如此，有些国家将一些价格收集方法都定义为模型定价法，即只要对模型的一个或所有特性收集生产，事先定义产品所需的劳动投入时数的方法，都称为模型定价法。在这种情况下，如果模型不定期更新，就无法反映生产率的变动。事实上，当定义的特征完全建立在投入之上时，区分模型定价法与收费率法的意义不大。因此，此处定义的模型价格只应与产出的特征相联系，而不应与生产过程中的要素相联系。

与收费率法相比，模型定价法最大的优点就在于具有内在的一致性。因为模型定价法是对同一个项目或同一个产品定价，因此，理论上讲服务质量是不变的。同样，因为模型定价给出的是产品价格，故在理论上也不受生产率变动的影响。模型定价法的首要缺点是要定期更新。模型价格内在的稳定性，使其随着时间的推移对同一种产品进行定价，这就产生了代表性问题，特别是在产品变化迅速的领域。于是，为保持模型的代表性，模型需要定期重新估计。模型定价法另一个不利表现在方法的复杂性往往使得填报单位很难提供模型定价中所需的资料。

（五）物量指标法

物量指标法试图直接来测算某一特定产品的产出或支出，于是对应的价格指数等于现价产出除以不变价产出。但这种方法对产品同质性的要求超过了任何其他一种方法，而且也不太可能考虑到产品质量变化的问题。

物量指标法的优点在于数据相对容易收集（如果可能定义的话），也考虑了生产率变动的影响。该方法的缺点表现在使用面比较狭窄。物量指标法比较适用于标准服务类型，因为其很难反映质量的变动，而且应该在可以接受的并有代表性的详细水平上进行。

（六）奢侈品价格指数法

奢侈品价格指数通常在产品的代表规格品变动频繁的情况使用，此时质量变动明显。奢侈品价格指数法是针对某一产品的可测度的特征进行测算。例如，内存和处理速度就是个人电脑的可测度的两个特征。这些特征可以加权（通过回归的方法得到权数）得到某一产品质量变动的估算。奢侈品价格指数法在构造服务业价格指数方面使用得并不多，其开发与使用主要集中在高技术及产品迅速变化的商品上。挪威曾在建筑服务、市政工程服务等服务领域使用过奢侈品价格指数法，取得比较好的结果。但在另外一些领域，如计算机服务、广告服务等领域，结果则不太好。总的来说，奢侈品价格指数法最适用于那些产品特征可以清楚辨认的奢侈品。奢侈品价格指数法的优点表现在，可以清楚地反映出质量变动。另外，该方法比较接近产出指数，因此也考虑了生产率的变动。到目前为止，奢侈品价格指数法的最大缺点是其复杂性。另外，如何科学地确定质量调整因子，也是非常值得关注的问题。

（七）产出价格指数法

产出价格指数测算实际合同价格的变动。理想的价格指数是实际服务价格扣除了所有的折扣、税收，不包括工厂内交易的出厂价。为了获取产出价格指数，统计部门首先需要与填报单位确定服务种类，并组织定期的特别调查来跟踪这些服务的价格。还要注意应该选取连续提供几年的服务，以确保价格不受质量变动的影响，在时间序列上是可比的。因此，这种方法对那些大多提供特有服务的部门来讲是有困难的。在实际采价时，可能会遇到多种价格。这时选取的价格必须能够反映实际的交易情况，必须把任何给予购买者的折扣考虑进去。产出价格指数法被认为是最好的方法，因为它直接测度产品价格。其缺点是需要借助特别的调查，这样做成本很高且很不容易组织。

第二节　服务业的核算范围

一、服务业核算分类的理论依据

服务业这个大产业包括了各种类别的行业，其中许多行业在生产技术、功能、产业性质以及与经济发展的关系方面千差万别，所以对服务业进行分类是一个相当复杂的问题。国外经济学家、国际组织以及各国政府部门出于不同的需要，在服务业分类方面存在着较大的差异。从对服务业分类的各种理论研究来看，比较具有代表性的理论主要有两种：一是卡托坚（M. A. Katouzian）的"三分法"；二是辛格曼（Singelmann）的"四分法"。

（一）卡托坚的"三分法"

1970年卡托坚根据罗斯托的经济发展阶段理论，根据在不同经济发展阶段的特点将服务业划分为新兴服务业、补充服务业、传统服务业等三种类型（俗称"三分法"）。

（1）新兴服务业。"新兴"的概念是相对工业化后期来讲的，即罗斯托所谓工业产品的大规模消费阶段。新兴服务业是指工业产品大规模消费阶段以后出现的加速增长的服务业，包括医疗、娱乐、教育、文化和公共服务。这里的"新兴"不是指"新生"，并不是说这些服务业之前不存在，相反它们在人类的各个发展阶段都存在，只是在工业化后期它们才出现加速增长的态势，成为具有普遍性消费需求的行业。

（2）补充服务业。补充服务业是相对于制造业而言的。这类服务与工业化有关，可以说它们是为工业生产和工业文明服务的，或者说它们是工业化过程的"随生物"。补充服务业的需求来自两个方面，一是与经济发展过程中城市化的进程有关，二是与生产分工的发展相关。其主要包括金融、交通、通信和商业；此外还包括政府部门中与工业化过程有关的制度性安排所引起的服务，如法律服务、行政性服务等。

（3）传统服务业。传统服务业的含义有两种：其一是指服务的需求是传统的，即其需求在工业化以前就广泛存在；其二是指服务的生产方式是传统的，即"前资本主义生产方式"。而随着资本主义生产方式的深入发展，传统服务业的重要性也在不断降低。家务服务和传统商业就是这类服务的代表部门。值得注意的是，在发达国家传统服务业比重下降的同时，发展中国家却出现了传统服务业就业超过工业就业增长的情况。卡托坚的分类方法主要强调服务业发展与经济发展之间的关联性，指出了服务业内涵与外延是随着经济发展的水平而不断变化和延伸的，同经济发展的需要相适应，又对经济发展起着重要的推动作用。

（二）辛格曼的"四分法"

1975年，经济学家布朗宁（Browning）和辛格曼在国际标准产业分类（ISIC）的基础上，根据各服务行业的服务对象及其服务需求，将服务业分为"消费者服务业"（包含招待与食品服务、私人服务、娱乐与消遣服务、杂项服务），"生产者服务业"（包含企业管理服务、金融服务、保险服务、房地产服务），"分配服务业"（包含运输与储藏、交通与邮电、批发与零售）三种类型。1978年，辛格曼在1975年分类的基础上，又将服务业进一步细分为流通服务、生产者服务、社会服务和个人服务四种类型（俗称"四分法"）。

（1）流通服务。流通服务是指与第一产业和第二产业连接起来，也即商品从原始自然资源经过提炼、加工、制造，最后销售到消费者的一个生产、流通和消费的完整过程。由于这种联系可以预见，流通服务必然随商品规模的扩大而增长。

（2）生产者服务。生产者服务业的服务中大部分是作为商品生产的中间投入，另外有一些是为最终消费者服务的，但其重要性和规模远不及作为中间投入的成分。作为商品生产中间投入的这类部门一方面会随商品生产规模的扩大而发展；另一方面，它们也会随着专业化程度的加深和产业组织的复杂化而不断由商品生产企业中"外部化"出来而扩大。

（3）社会服务。对社会服务和个人服务的需求主要来自消费者对它们的直接需求，它们的发展主要为最终需求所推动。社会服务具有公共需求的特性，这种需求是物质文明高度发展的产物，由此可见，社会服务的发展是在一定生产力发展水平上的产物。

（4）个人服务。个人服务主要来自最终需求，它们大多是传统服务业，一般特点是规模小、分散经营、人力资本和物质资本投入少、技术含量低。在由工业社会向"后工业社会"转型的过程中，有个人服务不断下降、社会服务不断上升的趋势。

布朗宁和辛格曼的分类方法主要是依据服务业不同行业的功能与性质，而且是以其主要服务对象的需求来确定其功能性质的，同实际运作中的行业系统划分最为接近。后来，西方学者将布朗宁和辛格曼的分类法进行综合，提出了生产性服务业、分配性服务业、消费性服务业和社会性服务业等服务业的四分法，其内容大体上与辛格曼的分类法相同，但在二级分类中存在细微差别。这种分类方法因其有较强的应用价值而被普遍接受和采用。

二、国际服务业核算范围

国际服务业在实际运作中的分类方法有很多，例如：联合国的《全部经济活动的国际标准产业分类》（ISIC）、《产品总分类》、《扩大国际收支服务分类》和《国际商品贸易分类》；国际货币基金组织的《国民账户体系》和《国际收支手册》；经济合作与发展组织和欧盟统计局联合颁布的《联合贸易分类》；世界贸易组织的《关税及贸易总协定》中制定的"国际贸易服务分类表"；国际标准化组织（ISO）制定的ISO 9004-2国际标准中的服务分类；美国、加拿大、墨西哥联合制定的《北美产业分类体系》（NAICS）；美国普查局2002年颁布的《北美标准产业分类》，等等。这些分类方法基于不同的时代与环境条件，适应于不同的国家、地区及国际组织的需要。其中《全部经济活动的国际标准产业分类》（ISIC）和《北美产业分类体系》（NAICS）相对影响较大，是目前国际上比较权威的两个服务业分类标准。

第二章 服务业的核算

（一）联合国的国际标准产业分类（ISIC）

1958 年，联合国制定了第一版的《全部经济活动的国际标准产业分类》（ISIC），其中有关服务业的一级分类有四类，包括：商业，交通、仓储和通信业，服务业，其他；以下涵盖 14 个二级分类。1968 年联合国对（ISIC）进行了一次修正，但基本框架不变。1989 年又进行了一次修正，产生了第三版的 ISIC。在这次修正中，对服务业的分类结构有了很大的变动。服务业的大类增加为 11 类，包括：商业及零售业，酒店旅游业，交通、仓储和通信业，金融中介，房地产、租赁和经济活动，公共行政与国防，教育，医疗及相关社会服务，其他社会社区服务，家庭雇佣服务，国际及跨国组织；以下还涵盖 19 个小类。这次修正反映了服务业迅速发展及其在经济活动中重要性增强的国际背景。21 世纪以来，随着网络与信息技术的发展，服务业的功能与性质又发生了很大的变化，联合国在 2007 年重新发布新修订的第四版（ISIC），并要求于 2015 年前正式应用于各国的国民统计核算。在第四版的 ISIC 中新增了信息和通信业、行政管理及相关支持服务、科学研究和技术服务、艺术和娱乐，以及其他服务业五个大类，使服务业的大类增加至 15 个。标准产业分类法是一种典型的行业分类方法，其侧重于行业的功能性质与组织基础，是最适合于统计数据采集与行业管理的一种分类方法，因此成为各国在服务业统计分类中所普遍采用的一种方法。

（二）北美产业分类体系（NAICS）

1997 年，以美国为首，包括加拿大、墨西哥等国开始使用一种新的产业分类法，称为"北美产业分类体系"（以下简称 NAICS）。这种分类方法与联合国的 ISIC 有很大的不同，它反映了 20 世纪 80 年代以来服务经济理论的一些新研究成果：首先，该分类法完全从生产（供给）角度依据生产技术分类，如将计算机软件的大规模制造划入制造业而不是服务业；其次，该分类方法将信息业的重要性空前地提高了，同时也将通信业的范围进行了扩展；最后，该分类法充分反映了技术变革与分工在发达国家和信息化时代的深化。北美产业分类体系中一级产业部门由原来的 10 个扩展到 20 个，其中重要的变化是：一是将信息产业的硬件部分在制造业中建立了一个部门，原在制造业中的出版业划入新设立的信息业，原在服务业中的弹性生产（custom–manufacturing）划入制造业；二是建立了"信息业"这一独立的一级产业，具体包括报纸、书籍、期刊、计算机软件、广播、电视、通信业和影印制造业；三是将原先的"服务业"分解为 11 个一级部门，即信息业、金融保险业、房地产及其租赁业、专业和科学技术服务、企业管理、行政管理及废物处理和修理服务业、教育、医疗、娱乐、居住和食品服务，以及其他服务业。

通过比较可以发现，在 NAICS 体系中，主要的新增产业部门为：（1）信息业。信息业是指生产、传播和提供信息的部门，还包括提供数据处理服务的部门。具体有书报期刊、广播、电影音像制造与出版、数据处理和信息服务，等等。（2）房地产及其租赁业。这个部门从原来的金融服务业分出，由于租赁业包括机器设备以及其他资本品的租赁，所以它还包括原属于保险、交通和公用设施等部门的经济活动。（3）专业和科学技术服务。按照"生产导向"原则，这个部门包括"主要投入是人力资本"的经济活动。包括法律服务、会计服务、建筑工程服务、广告服务、专业设计服务、计算机系统设计、管理咨询服务、科学研究与实验发展、兽医服务等。（4）行政管理和废物处理。这个部门是原社会服务的一个部分，属于较为新兴的辅助性行业。包括办公行政服务、设备支持服务、就业服务、经营支持服务、旅游服务、投资服务、保安服务和废物处理等。

三、国际服务业分类体系

经过第三次修订后的 ISIC，其统计单位为活动类型，采用四级结构：一级为 17 个类别（categories），以一位字母 A～Q 编码；二级为 60 个类（divisions），以二位数字编码；三级为 159 组（groups），以三位数字编码；四级为 292 个小类（classes），以四位数字编码。国际标准产业分类最细层次上小类的类别，是根据大多数国家统计单位中所习惯的活动组合来描述的，而在组合类的层次上，即在相对更宽的分类层次上，则是根据生产的特征、技术组织及财务来合并统计单位。目前，ISIC 包括一项派生分类，即欧洲共同体内部经济活动的一般产业分类（NACE）；以及两项相关分类，即澳大利亚及新西兰产业分类（ANZSIC）和北美产业分类体系（NAICS）。ISIC 与联合国的中心产品分类（CPC）、国际贸易标准分类（SITC）、商品统一分类及编码系统（HS）一一对应。国民账户体系（SNA）也是采用 ISIC 来描述经济活动的细目分类。按照国际产业标准分类的原则，服务业的四大门类分别是：消费者服务业（在我国称为消费性服务业），即消费者在市场上购买的、满足其最终需求的服务，主要包括娱乐、休闲、旅馆等；生产者服务业（在我国称为生产性服务业），即生产者在市场上购买的、被企业用于生产商品与其他服务的中间服务，主要包括金融、保险、房地产等；分配服务业，即消费者和生产者都需要的、为获得商品和供应商品而购买的服务，主要包括批发和零售、交通运输、仓储等；公共服务业，即由政府和非政府组织提供的以非营利性质为主的公共服务。

随着新产品的不断出现以及某些服务业部门的重要性不断增强，特别是信息通信技术业（ICT 行业），国际产业标准分类系统也在随之进行更新与修订。很多修订都集中在对 ISIC 中服务业的修订上。此外，由于世界各国的经济、技术发展等存在极大差异，各国在 ISIC 的应用与更新方面，同样也存在着很大的差异。就世界范围来讲，对 ISIC 的修订还只是处于酝酿讨论阶段。但是在欧盟、北美对标准产业分类的修订已经迈出了极大的一步，特别是北美产业分类体系（NAICS - 1997）的完成，提供了测度北美三个国家经济中所发生的结构和技术变革的手段。美国统计机构不仅首次公布了信息部门的数据，而且对以往在美国标准产业分类（SIC）中从未做过鉴别确认的服务产业也进行了测度。同时，NAICS - 1997 采取了六位数系统，即在第五位数上三个国家采用了标准化的编码，而在第六位数上允许美国、加拿大、墨西哥的编码各不相同。NAICS 不仅为北美三个国家提供了五位数层次上的可比性，在第六位数上对 NAICS 产业的再分类也满足了使用者在各自国内的需要，提高了整个系统的灵活性。

第三节　中国服务业核算实践

一、服务业的范围、生产核算分类的变化以及核算现状

（一）服务业的范围

中国从 1985 年开始国内生产总值生产核算，服务业生产核算作为国内生产总值生产核算的重要组成部分，也从那时开始。中国从 1989 年开始试行、1993 年正式开始国内生产总值使用核算，服务业使用核算作为国内生产总值使用核算的重要组成部分，也从此开始。1985 年，国家统计局向国务院提交了《关于建立第三产业统计的报告》（李成瑞，1986），提出了三次产业分类和建立第三产业统计及国内生产总值核算的必要性。国务院批准了这个报告。报告认为，第三产业包括行业多、范围广，可划分为两大部分：一是流通部门；二是服务部门。大体又可分四个层次。第一层次：流通部门，包括交通运输业、邮电通信业、商业饮食业、物资供销和仓储业。第二层次：为生产和生活服务的部门，包括金融保险业、地质普查业、房地产业、公用事业、居民服务业、旅游业、咨询信息服务业和各类技术服务业等。第三层次：为提高科学化水平和居民素质服务的部门，包括教育、文化、广播电视事业、科学研究事业、卫生、体育和社会福利事业等。第四层次：为社会公共需要服务的部门，包括国家机关、党政机关、社会团体以及军队和警察等。

根据最新的《国民经济行业分类》（GB/T 4754—2017）所确定的服务业包括：批发和零售业，交通运输、仓储和邮政业，住宿和餐饮业，信息传输、软件和信息技术服务业，金融业，房地产业，租赁和商务服务业，科学研究和技术服务业，水利、环境和公共设施管理业，居民服务、修理和其他服务业，教育，卫生和社会工作，文化、体育和娱乐业，公共管理、社会保障和社会组织以及国际组织等 15 个门类。

（二）服务业生产核算分类及其变化

在历史上，受资料来源的限制，服务业生产核算的分类与国民经济行业分类标准一直存在着一定的差距。下面介绍服务业生产核算的分类及其变化。

1985～1993 年，服务业生产核算的基本分类如下：（1）运输邮电业；（2）商业饮食业、物资供销和仓储业；（3）金融保险业；（4）房地产业；（5）服务业；（6）公用事业；（7）科教文卫体育福利事业；（8）国家机关、党政机关和社会团体；（9）其他行业。其中的"服务业"是一个窄口径的服务业，它包括居民服务业、咨询服务业、林牧渔服务业、地质勘查业、水利管理业和综合技术服务业。这一分类以中国于 1984 年颁布的《国民经济行业分类和代码》（国家计委等四委局，1984）为基础，并结合中国当时的实际资料来源情况制定。

1994 年以后，根据国家技术监督局颁布的《国民经济行业分类和代码》，国家统计局对服务业生产核算的分类进行了调整。调整后的产业部门包括 12 个一级分类和 18 个二级分

类。这 12 个一级分类是：农林牧渔服务业；地质勘查业、水利管理业；交通运输、仓储及邮电通信业；批发和零售贸易、餐饮业；金融保险业；房地产业；社会服务业；卫生、体育和社会福利业；教育、文化艺术及广播电影电视业；科学研究和综合技术服务业；国家机关、党政机关和社会团体；其他行业。

2003 年，根据《国民经济行业分类》（GB/T 4754—2002），国家统计局印发了《关于印发〈三次产业划分规定〉的通知》。根据《国民经济行业分类》（GB/T 4754—2002），第三产业是指除第一、第二产业以外的其他行业。第三产业包括：交通运输、仓储和邮政业，信息传输、计算机服务和软件业，批发和零售业，住宿和餐饮业，金融业，房地产业，租赁和商务服务业，科学研究、技术服务和地质勘查业，水利、环境和公共设施管理业，居民服务和其他服务业，教育，卫生、社会保障和社会福利业，文化、体育和娱乐业，公共管理和社会组织，国际组织。根据国家统计局 2003 年制定的三次产业分类标准，农林渔服务业作为农林牧渔业生产核算的次级分类，不再体现在生产核算一级分类中。

2012 年，国家统计局再次对 2003 年《三次产业划分规定》进行了修订。与 2003 年印发的《三次产业划分规定》相比，此次修订主要在以下方面作出调整：一方面，为了规范三次产业、服务业的口径、范围，推动我国服务业发展，将 A 门类"农、林、牧、渔业"中的"05 农、林、牧、渔服务业"，B 门类"采矿业"中的"11 开采辅助活动"，C 门类"制造业"中的"43 金属制品、机械和设备修理业"等三个大类一并调入第三产业。调整后，第一产业为 4 个大类；第二产业为 2 个门类和 36 个大类；第三产业为 15 个门类和 3 个大类。另一方面，此次修订还明确第三产业即为服务业。鉴于服务业的口径、范围不统一，既不利于服务业统计和服务业核算，也不利于贯彻执行国务院《关于加快发展服务业的若干意见》以及国务院办公厅转发国家统计局《关于加强和完善服务业统计工作的意见》，因此，此次修订三次产业划分规定时，明确第三产业即为服务业。

2017 年形成了最新版的《国民经济行业分类》（GB/T 4754—2017），在此分类中，对第三产业进行了新的调整，具体包括：（1）"农、林、牧、渔服务业"更名为"农、林、牧、渔专业及辅助性活动"；（2）"开采辅助活动"更名为"开采专业及辅助性活动"；（3）"装卸搬运和运输代理业"更名为"多式联运和运输代理业"；（4）"仓储业"更名为"装卸搬运和仓储业"；（5）"房地产业"内容变更，将 2011 版的《国民经济行业分类》7090 部分内容调出；（6）新增大类"土地管理业"，将 2011 版的《国民经济行业分类》7090 部分内容调至此类；（7）"广播、电视、电影和影视录音制作业"更名为"广播、电视、电影和录音制作业"；（8）"基层群众自治组织"更名为"基层群众自治组织及其他组织"。

（三）服务业核算的现状

与联合国 1993 年 SNA 推荐的方法相类似，根据服务业生产活动营利性和非营利性，中国服务业增加值核算分市场产出、自给产出和非市场产出三部分。

（1）市场产出。市场产出是对营利性的企业进行核算，这些企业包括金融保险业、批发零售贸易业、餐饮业、交通运输业、房地产业、居民服务业等，计算方法是以企业的年度财务报表作为基础资料来源，以营业收入作为产出（批发零售贸易企业以销售毛利、金融保险企业以利息收支差和手续费收入)。用生产法计算增加值的方法如下：计算出总产出和中间消耗，从总产出中扣除中间消耗，得到增加值。用收入法计算增加值的方法如下：计算增加值的四个构成项目即劳动者报酬、固定资产折旧、生产税额和营业盈余，以四项构成相加，得到增加值。

（2）自给产出。自给产出包括企业或居民自产自用的产品，和拥有自有房的住户自己生产自己使用的住房服务。企业自产自用的固定资产如自营施工企业自行完成的为本企业使用的厂房或其他基础设施，其产出统一按照市场价格进行估价。农民自产自用的农副产品，在农业总产出的计算过程中，也都统一按照市场价进行了估价。自产自用的住房服务，按照房屋的虚拟折旧计算。

（3）非市场产出。服务业中非市场产出占有很大的比重，包括的行业有水利管理业和地质勘探业、教育文艺广播电影电视业、卫生体育社会福利保障业、科学研究和综合技术服务业、国家党政机关和社会团体。由于这份行业的基础数据不很健全，没有详细的企业会计财务数据，因此，除第三产业普查年份以外，常规年份没有直接计算总产出，而是根据第三产业普查年份的增加值推算。增加值核算主要是按照收入法，根据劳动工资计的就业人数和工资总额、固定资产投资完成额统计的当年完成的固定资产投资额，计算劳动者报酬和虚拟固定资产折旧，以两项相加得到增加值。

二、现行服务业核算存在的基本问题及其影响

目前，中国的服务业增加值核算，主要存在三个大的问题：一是资料来源问题；二是核算方法落后；三是部分服务业计价过低。

（一）资料来源问题

服务业增加值核算存在资料来源问题，最主要表现为不在核算范围即指本应统计的东西却在核算过程中漏掉了，使得核算结果只能包括整个服务活动的一部分，最终导致服务业增加值的低估。世界银行（1992）列举的统计范围不全或者没有被统计的服务主要有农村服务（尤其是由农村个人提供的运输服务）和城市中大量农村人口提供的服务（如鞋匠、保姆、饮食摊贩等）。但是在中国，服务业统计范围不全，绝不止于这些零散的和主要由个人提供的服务。统计范围上的缺陷几乎存在于所有的服务，尤其是那些改革开放后新兴的服务，如律师和会计师服务、网络服务、证券服务、私人提供的教育服务等。这并不是说这些新兴服务增加值的全部都被统计遗漏了，而是说由于没有系统和完整的统计，统计范围不全问题的严重存在是不可否认的。桑拿、歌厅以及摊贩等服务，有零散甚至某种非法性等特征，被称为未观察经济（non-observed economy），目前统计没有计算其增加值，或者只计算了其中很小的一部分。联合国统计署修订的 1993 年 SNA 要求对该类未观察经济也要计算其增加值。因此，中国国民经济核算未来的一个重要课题是如何计算未观察经济的增加值。造成服务业核算范围不全的原因，除了前述的存在未观察经济外，还在于以下两方面因素。一是许多服务行业的企业和个体经营单位没有建立起经常性的统计调查制度，特别是私营企业

和个体经营单位从事的物业管理、计算机服务、租赁服务、信息咨询、会计师服务、法律服务等新兴服务行业，其经常性资料来源基本上处于空白状态。二是有管理部门的服务业统计一般仅限于本系统，范围过窄，而且重实物量统计，轻价值量统计，满足不了服务业核算的需要。另外，由于人手严重不足，有些已有的部门统计资料没有得到充分的挖掘和利用。服务业增加值核算存在的资料来源问题还表现在资料来源口径方面，主要是从业人员劳动报酬统计。

从业人员劳动报酬统计是统计服务业部分行业收入法增加值的主要资料来源之一，而它的统计口径不包括乡镇企业、私营单位和个体工商户（国家统计局，2001），因此会影响到服务业增加值中的劳动者报酬计算的准确性。同时，从业人员劳动报酬统计很难包括从业人员所获得的全部收入。对于服务业企业和营利性事业单位来说，这将影响到增加值的结构；对于行政单位和非营利性事业单位来说，不仅会影响到增加值的结构，而且会影响到增加值的总量。

（二）核算方法落后

核算方法问题中比较突出的是非市场产出核算的问题。主要表现在如下几个方面。

（1）核算方法单一。增加值仅仅采用收入法，没有按生产法计算，产生的问题是不能用两种方法计算的增加值进行交叉检验，提高增加值计算的准确度也不能利用总产出作为总控制数，保证数据范围上的完整，反映整个行业的总体。

（2）推算系数使用时间过长。由于大部分服务业没有常规的年度财务统计，因此，这些行业的总产出和增加值计算中，需要根据第三产业普查年份的系数进行推算。但是，两个普查年份之间相差是十年，时间过长，不能确切地反映服务业发展的实际。

（3）新经营方式的产出反映不全面。服务业主管部门掌握的数据大多是系统内行政记录，系统或者是个体私营企业往往数据缺乏，如私立学校、私立医院、诊所、体育俱乐部等。这些新的经营活动方式往往与其行业原来意义上的非营利性有很大的不同，完全是市场运作，因此，在计算方法上也不同，由于信息不全面，不得不辅助于一些推算。

（三）部分服务业计价过低

服务业计价过低最典型的例子是单位提供给职工的住房的房租过低，接近免费。这是我们此前房地产业增加值严重低估最主要的原因。在中国服务业增加值的估计多采用收入法的情况下，服务业计价过低对该行业增加值低估的影响主要表现在对劳动力价格—工资的低估导致了服务业增加值的低估上。按收入法计算的增加值包括劳动者报酬、营业盈余、固定资本折旧和生产税净额四个部分。其中，工资是最大的一部分。不仅如此，服务业大多是劳动密集型产业，劳动者报酬在增加值中占的比重较其他行业更高。显而易见，如果劳动者报酬被低估的话，整个增加值也会被低估。在增加值的计算上，医疗行业和教育行业的情况比较接近。与一些先进国家不同，中国医生与其他职业相比较，工资明显偏低。

（四）中国服务业核算问题的影响

上述问题的存在，直接导致了低估中国按现价计算的服务业增加值。从国家统计局公布

第二章　服务业的核算

的数据来看，20 世纪 60 年代初期以前，按现价计算的第三产业增加值在整个国内生产总值中的比重略有上升，此后持续下降直到 20 世纪 80 年代初为止。从 20 世纪 80 年代初开始逐渐上升到 1990 年前后恢复到新中国成立初期的水平，之后，基本处于停滞状态，直到 21 世纪初。按不变价计算的第三产业比重的变化趋势略有不同。整个计划经济时期，除 20 世纪 50 年代末和 60 年代初偏高以外，基本在 22% ～23% 的范围内波动。改革开放后，第三产业比重开始上升，1989 年达到最高点，为 30.3%。其后，连年下降，降至 1995 年的 26% 左右后基本维持不变，直到 21 世纪初。至"十一五"期间，中国服务业比重才出现较大幅度的攀升，基本上稳定在 40% 左右。这一比例上升既有服务业快速发展的原因，也有 2004 年经济普查的原因，在这次经济普查中有 2 万多亿元的服务业增加值被"挖掘"出来。到 2021 年，第三产业增加值比重达到 54.9%。

经验显示，第三产业在整个经济中的比重，无论用国内生产总值还是用从业者人数来衡量，有随人均收入的增长而上升的趋势，这个一般性规律不仅在一国的长期经济发展过程中可以观测到，如果把同人均收入国家进行比较也可以发现。如果我们可以把这种趋势看成一个规律的话，那么，上面的结果很可能是由于数据的问题所导致，而不是中国产业结构的实际变化。或者至少可以说，中国第三产业的比重在过去半个世纪基本保持不变的结论部分地受到该产业增加值低估的影响。

与同等收入的其他发展中国家相比，中国第三产业比重过低的现象是中国服务业增加值低估的另一体现。2000 年中国人均 GDP 为 959.4 美元（按当年价算），第三产业增加值占比仅为 39.8%，而当年世界中低收入国家人均 GDP 为 601.1 美元，第三产业增加值占比达 45.4%。即便是世界低收入国家人均 GDP 为 487.5 美元，第三产业增加值占比则达 40.7%。同年印度、巴基斯坦、尼日利亚等国的人均 GDP 远小于中国，但服务业增加值占比均远高于中国。2022 年中国人均 GDP 为 10 408.7 美元，第三产业增加值占比为 54.5%，而当年世界中高收入国家人均 GDP 为 8 649.4 美元，第三产业增加值占比达 55.3%。同年的巴西、墨西哥、南非、菲律宾、泰国等国的人均 GDP 远小于中国，但服务业增加值占比均远高于中国[①]。

按不变价增加值计算的第三产业比重在 20 世纪 90 年代前半期呈现明显的下降趋势，这一结果也可能主要由数据问题造成。我们知道，工业不变价增加值是通过不变价计算得到的，而第三产业中多数小行业的增加值是通过价格指数缩减法计算的。工业增加值的现行计算方法高估了工业增加值的增长速度，在其他条件不变的情况下，工业在整个不变价增加值中的比重也不可避免地被高估。伍晓鹰（Wu，2002）对工业不变价增加值的重新估计，被认为基本纠正了官方统计工业增加值增长速度的高估。用伍晓鹰的估计值重新计算了国内生产总值中第一、第二、第三产业的比重，其结果是第三产业的比重虽然在 1995 年出现明显的下降，但在 1990～1997 年之间基本维持在 31% 左右。

在中国，服务业增加值低估问题很早以前已经被意识到，以至于在一些专家之间早已达成共识。世界银行在 1992 年对该问题进行了全面、系统讨论。世界银行考察团在中国进行

---

① 数据来源：根据世界银行官网数据整理得到。

实地考察以后，出台了一个研究报告，对中国统计制度的现状和问题作了全面的介绍和论述，其中包括对服务业增加值低估及其原因的讨论。核算范围不全和部分服务定价低导致了中国服务业增加值低估的假说，第一次在这里得到了全面的阐述。但美中不足的是，此项研究没有对中国服务业增加值进行重新估计。科德尔（Keidel，1992）第一次对中国服务业增加值进行了重新估计，他于1987年把中国国内生产总值上调55%。其后，科德尔（1994）把上调幅度降到34%，具体包括1.6%的一致性调整、11.7%的范围调整和18.3%的估价调整。这里的估价调整不是直接针对上面提到的部分服务定价过低作出的调整，而是针对中国不合理的相对价格（各行业间的相对比价）而进行的调整。麦迪逊（Maddison，1998）的研究也对服务业增加值进行了大幅度调整。该研究的调整对象是整个非物质生产部门。在缺少精确调整所需的原始数据的条件下，他采用了如下比较简单的调整方法。首先，将国家统计局估计公布的1987年非物质生产部门增加值上调1/3；其次，用非物质生产部门从业者人数的增长率外推出1987年以外年份该行业的增加值。麦迪逊对非物质生产部门增加值调整使用的是外推法，该种方法只是估计非物质生产部门不变价增加值，而不涉及现价增加值。另外，用从业者人数的变化外推1987年以外的不变价增加值，实际上从定义上否定了非物质生产部门劳动生产率的变化。其结果是，如果中国非物质生产部门的劳动生产率是一直上升的话，麦迪逊的估计将高估1987年以前的增加值，低估1987年之后的增加值。在其他条件一定的情况下，第三产业在整个国内生产总值中的比重在1987年以前被高估，而之后，又被低估。相反，如果中国非物质生产部门的劳动生产率是一直下降的，将会得到相反结果。麦迪逊拒绝接受国家统计局估计数据所显示的第三产业劳动生产率较高增长率的结果。而根据国家统计局公布数据所计算的第三产业各行业劳动生产率，除"其他"行业以外，20世纪90年代均呈现正增长趋势，有些行业的增长率很高。虽不能说此结果完全不受数据准确性的影响，但是从中找出使劳动生产率高估的因素也是不容易的。

目前，中国服务业增加值核算存在的问题所造成的影响并未就此结束。按不变价计算的服务业增加值及其增长速度也不可避免受到影响。因为中国服务业的多数行业采用缩减指数法计算不变价增加值。也就是说，不变价增加值是由现价增加值除以价格指数得到的。因此，现价增加值的低估直接导致不变价增加值的低估，而服务业增值的增长速度是被低估了还是被高估了，则完全取决于低估部分对现价增加值的比例是上升了还是下降了。如果该比例逐年增加的话，那么增长速度会低估。反之，如果服务业的统计范围逐年得到改善的话，那么增长速度会被高估。而被低估的服务业增加值对已经统计上来的增加值的比例是逐年增加，还是逐年降低的呢？现有的资料和研究结果不足以让我们准确地作出判断。因此，也无法知道目前官方公布的数是高估了、还是低估了服务业的增长速度。

（五）中国服务业核算问题的成因

既然核算范围不完整、部分服务计价过低以及劳动者工资收入低估是造成中国服务业增加值低估的统计因素，那么，这些统计上的缺陷又来源于何处呢？服务业统计上的缺陷部分来源于服务本身所具的特性，部分来源于中国长期的统计实践。服务业本身包括众多非同质行业，规模小，家庭经营比重大，政府和民间非营利组织参与程度高（如教育、医疗等）。服务业所具有的这些性质不仅使得在统计上全面地把握该业相对困难，同时由于大量服务不通过市场进行提供，导致增加值计算不可避免地包含复杂的甚至不切合实际的虚拟计算。同一服务只是因为提供者不同，增加值的计算范围和计价方式也不完全相同。

导致服务业统计存在严重缺陷的另外一个原因是，中国统计调查制度对服务业统计的相对忽视。应当说，对服务业统计的忽视在世界各国是个普遍现象。这一点主要根源于现行的统计调查制度是在服务占整个国民经济的比重尚低的早期建立起来的。经济发展早期，农业在整个经济中占绝对的地位。其后，以工业的迅速发展为标志的工业化是现代经济增长最重要的特征，而服务业被看成是随着经济发展自然而然地增加其在国民经济中比重的行业，把服务业误认为从属于其他行业的观念无疑加剧了统计调查中对服务业的忽视。但是，中国对服务业统计的忽视达到了极端的地步，其直接原因是中国长期使用物质产品体系（MPS）来进行国民经济核算。在物质产品体系下，服务业的绝大部分被认为是非生产性的，从而被排除在核算对象以外。由于新中国成立以来长期使用 MPS 计算产值和国民收入，对服务业没有系统和定期的统计，服务业增加值的核算缺少最小限度的数据资料。为了改善服务业统计，中国在 1993～1994 年间实行了新中国成立以来的第一次第三产业普查，并决定每十年进行一次，这无疑对改善中国服务业统计起了重大的推动作用。但正如前面指出的那样，由于普查的频度低，两次普查之间间隔时间长，服务业核算中存在的基础数据缺乏的问题并没有得到根本的解决。

此外，部门统计缺乏系统性和规范性。在现有统计管理体制下，部门统计一般根据部门管理需要和所属系统特点设置统计指标，往往忽视服务业统计的相互衔接，各个部门统计制度缺乏系统性和规范化，统计内容也存在较大差异。从 GDP 核算角度讲，部门统计存在的主要问题除了统计范围不完整外，还表现为：（1）统计内容存在缺陷。从部门统计制度看，只有少数部门统计内容比较全面，既有实物量指标，又有比较详细的价值量指标，有的部门统计甚至设置了增加值指标。但绝大部分部门统计内容比较简单，只有一些实物量指标，基本上没有价值量指标，以满足 GDP 核算的需要。（2）统计资料时效性差。现行部门统计主要为满足部门管理的需要，统计资料时效性较差，难以满足 GDP 季度核算的需要。（3）统计制度衔接性不强。在现行统计管理体制下，国家统计局有关管理部门各负其责，独立地开展服务业统计工作，致使统计范围、目标设置、数据结果等方面衔接性较差。（4）统计部门协调力度较弱。从服务业基础情况看，一些服务业主要核算资料本来可以从有关经济管理部门（如财政部门、银行、保险、证券等）直接获取，但由于缺乏协调或协调力度不够，资料收集渠道不畅，难以实现资料有效利用。（5）服务业价格统计有待完善。目前，价格统计主要由国家统计局负责。从中国价格统计现状看，服务业价格统计缺口较大，除已建立了商品零售价格指数、交通运输业价格指数（试行）、房地产价格指数外，其他服务业价格指数仍是价格统计的空白。

三、完善服务业核算的方法

2021 年，中国服务业增加值和就业比重分别为 54.9% 和 48%，已成为国民经济中最重要的部门。随着中国经济进一步融入世界经济大局中，和中国自身经济发展水平的提高，服务业的发展步伐将越来越快。因此，如何完整地反映服务业的面貌，反映服务业对国民经济的贡献，是中国统计制度方法改革面临的重大课题。众多学者就如何切实搞好服务核算与统计，特别是服务业中非市场产出的核算，进行了深入的研究。现将他们的建议归纳如下。

（一）通盘考虑服务业统计制度方法改革

服务业涉及部门多、行业广、活动复杂、统计基础薄弱，因此，服务业统计制度方法改革应立足于服务业统计现状，通盘考虑。结合服务业统计基础和服务业活动范围，区别情况，合理分工，分别落实。部门已承担且数据基础较好的服务行业，仍由业务管理部门负责统计；国家统计局专业司已承担的服务业统计，仍由国家统计局专业司负责统计；业务管理部门未开展统计或根本没有业务管理部门的服务行业，由国家统计局建立经常性统计制度；可以直接从综合经济部门（如财政部门、银行、保险、证券等）获取资料的服务行业，则没有必要建立统计调查制度。

（二）改进服务业核算方法

改进服务业，特别是服务业中非市场产出部分总产出、增加值的核算方法，应将原来的主要根据劳动工资数据计算非营利性单位总产出和增加值的核算方法，改为根据单位的财务收支数据计算总产出增加值。同时采用生产法和收入法两种核算方法计算增加值，以提高数据的准确度。

（三）建立健全服务业基础统计

采用新的服务业核算方法，需要解决服务业基础资料覆盖范围不全和资料来源渠道不畅通的问题，这个问题不仅存在于非市场产出中，在市场产出和自给性产出中也存在。因此，资料来源是服务业核算的关键。具备了健全的服务业基础统计资料，服务业核算的完整性就能够得到保证。服务业的行业特点决定了对服务业的统计，既不能像规模以上工业一样，由企业直接填报和计算增加值；也不能像小型工商企业一样，完全按照抽样调查的方法搜集数据。根据现有的服务业的行业特点，服务业基础统计数据的收集方式以普查与多种调查形式相结合的方式为宜。这不仅将从根本上解决核算范围不全的问题，同时对解决部分服务计价过低和劳动者报酬统计遗漏等问题也将起着重大的作用。1993年第三产业普查缓解了服务业增加值核算对基础数据迫切需要的燃眉之急，大幅地改善了服务业增加值的估算。之后十年一次第三产业普查也将会起到同样的作用。但是，由于普查的频度低，两次普查之间相隔的时间长，以及中国经济结构正处于急剧变化时期等原因，十年一次的三产普查制度不可能从根上解决服务业增加值核算缺少基础数据的问题。通常情况下，从普查结果得到关于结构和比率的数据在下一次普查之前被用于估算服务业的增加值。但是，由于中国经济变化的速度快，这些数据很难准确地反映关于服务业各个变量之间的关系，离普查年份越远，这一现象就越严重。因此在普查的中间年份，应建立起经常性的年报制度和重点行业的抽样调查制度，形成完善的服务业统计调查体系，解决服务业普查年份有数据，常规统计制度不健全的

第二章　服务业的核算

问题。具体内容如下：

（1）开展第三产业普查。第三产业普查的目的主要是摸清第三产业的底数，补充非普查年份由于调查指标简单而缺少的详细数据，因此，普查年份调查的指标一定要详细。国外的通常做法是，把普查年份作为专业统计和国内生产总值核算的基准年，普查得到的详细数据以相应的比例关系和系数，是非普查年份统计和核算的重要依据，非普查年份专业统计和国民核算中的许多比例关系都来自普查得到的详细数据。中国第一次第三产业普查就是一个例子，普查的结果使第三产业增加值比原来增加了 2 800 亿元，绝对量扩大了 30%，国内生产总值扩大了 10%，这一比例关系都成为普查以后年份服务业增加值核算的重要依据，为第三产业增加值和国内生产总值数据的准确核算打下了良好的基础。

（2）建立会计指标统计制度。服务业中营利性的企业占很大的比重，包括金融保险业、房地产业、旅游业、民航、铁路和邮电通信业等。应建立起这些企业的财务指标统计制度，要求企业填报增加值计算所需的基础数据。统计报表由国家统计局与行业主管部门共同制定，企业按报表的要求定期上报行业主管部门或行业协会，主管部门最终将数据上报国家统计局。

（3）加强部门统计。服务业中的大部分非营利性事业单位部门管理得比较规范，系统内单位都集中在部门的管理之下，如教育、卫生、广播电视、科学研究、旅游业、综合技术服务、公共设施服务业、国家机关和党政机关、军队等。对于这些单位，可以在原有的部门年统计报表的基础上，通过协调，补充增加值计算所需的基础数据为行业增加值计算打下基础。部门统计报表由统计局审批，主管部门收集最终上报国家统计局。

（4）建立抽样调查制度。服务业中相对大的一部分营利性小企业、新兴行业和私营、个体经营户，只是在工商部门或行业主管部门登记，企业的规模不大，企业的变化比较快，新建、转行和倒闭的情况经常发生。因此，对这部分企业适合采取抽样调查的形式搜集数据，调查由国家统计局组织实施。

（5）疏通数据来源渠道。通过上述方式建立起来的服务统计，基本上能够满足第三产业增加值和国内生产总值核算的需要。但是，仅有制度还不够，必须保证数据资料来源渠道的畅通。因此，在建立起相应的统计制度以后，要落实数据的搜集、报送和汇总，保证基础数据来源的畅通。

（6）使用各种不同的方法计算服务业中各个小行业的不变价增加值。在计算服务业不变价增加值尚不存在较为理想的估算法的情况下，同时使用不同方法测算服务业不变价增加值，可以避免某种方法可能给服务业增长速度带来的偏差。正如上面已经提到的，因为服务不具有合适的数量单位，所以不能像有形商品那样，通过合理准确地定义其价格以及编制价格指数来估计不变价增加值。在国内生产总值核算时用来缩减各服务业增加值的价格指数多数是不妥当的。这一点在所有国家都如此，中国也不例外。目前，对于各种服务不变价增加值的估算学者们进行了大量的研究，并提出了许多和现行国民经济核算体系核算规则不同的核算方法（Griliches，1992；Berndtetal.，1998），同时进行了应用性的实证研究，但研究对象多为美国。应用这些新的方法对中国服务业增加值进行尝试性估算是必要的，研究结果可以提供与官方估算相比的估算结果，从而挖掘出现有服务业增加值估算可能存在的偏差。

第三章　服务业的竞争力

参照发达国家的发展经验和路径，服务业在后工业化时期对国家整体经济和社会发展的拉动作用将会超过其他产业，因此一国服务业竞争力关系到经济增长、社会就业与国际贸易等方面。什么是服务业竞争力？服务业竞争力是中观层次的竞争力，其介于宏观的国家竞争力和微观的企业竞争力之间。它既和企业竞争力紧密相连，又和国家竞争力密不可分，是联系企业竞争力和国家竞争力的纽带，是一个国家、地区综合竞争力在服务业中的具体体现。本章主要介绍服务业竞争力的评价指标、影响因素以及提升路径。

第一节　服务业国际竞争力评价

竞争力的概念在西方经济学中最初源于国际贸易理论。一个国家、一类产业或一个企业的产品能够出口并在国际市场上占有一定的份额，即意味着这个国家、产业或企业具有某种优势或竞争力。具体到服务业竞争力，从空间角度而言，其可以包括两个层面：一是国际层面，即服务业国际竞争力，研究的是特定国家的服务业在国际市场上的竞争力，这也是目前研究最广泛的一个层面；二是国内层面，研究的是一国内部特定区域的服务业在国内市场（即区际市场）上的竞争力，即区域服务业竞争力。

一、服务业国际竞争力评价指标

国际竞争力是各类同类产业之间相互比较，通过国际市场销售其产品所反映出的生产力。服务业国际竞争的目的在于提高本国经济在世界经济中地位，提高本国国民的生活水平，推动本国经济可持续发展。因此，服务业国际竞争力可定义为：在不存在贸易障碍的自由贸易条件下，一国以相对于他国更高的生产力向国际市场提供符合市场需求的服务或服务产品，并持续地获得盈利以推动本国经济增长和增加本国国民收入的能力。描述服务业国际竞争力的指标有很多，分别从不同侧面反映服务业的国际竞争力状况。

（一）国际市场占有率

服务业国际竞争力大小最终将体现在该产业在国际市场上的占有率。国际市场占有率是指一国服务业的出口总额占世界市场出口总额的比率，表明该国服务业的出口在世界市场上所占的比例。这是服务业国际竞争力最终的实现指标，反映了服务业国际竞争力的实际结果，因而是服务业国际竞争力强弱的最具显示性的检验标准。该指标数值越高，表明服务业的国际竞争力越强，其计算公式为：

$$A_i = \frac{X_i}{X_j}$$

其中，A_i 表示 i 国服务业产品的国际市场占有率，X_i 表示 i 国服务业产品的出口总额，X_j 表示世界市场服务业产品的出口总额。

（二）贸易竞争优势指数

贸易竞争优势指数（Trade Competitive Index，简称 TC 指数），也被称为贸易专业化系数（Trade Special Coefficient），表示一国进出口贸易差额占进出口总额的比重。TC 指数又称比较优势指数或净出口比率，是行业结构国际竞争力分析的一种有力工具，总体上能够反映出计算对象的比较优势状况。服务业的 TC 指数的计算公式为：

$$TC_i = \frac{X_i - M_i}{X_i + M_i}$$

其中，TC_i 表示 i 国服务业产品的贸易竞争优势指数，X_i 表示 i 国服务业产品的出口总额，M_i 表示 i 国服务业产品的进口总额。

由于它提出了各国通货膨胀等宏观总量方面波动的影响，同时也排除了因国家大小不同而使得国际间数据不可比较的影响，因此在不同时期、不同国家之间，贸易竞争优势指数具有相当的可比性。该指数的取值范围是 $[-1,1]$，并且数值由小到大的变化代表着 i 国服务业的贸易竞争优势由弱变强的过程。如果 TC 指数小于 0，表明该国服务业处于竞争弱势地位；相反，如果 TC 指数大于 0，表明该国服务业处于竞争强势地位。特别地，如果 TC 指数接近 0 时，表明该国服务业竞争力接近国际平均水平；如果 TC 指数接近 −1 时，表明该国服务业只有进口而没有出口；如果 TC 指数接近 1 时，表明该国服务业只有出口而没有进口。

（三）显示性比较优势指数

显示性比较优势指数（Revealed Comparative Advantage Index，简称 RCA），是由美国经济学家巴拉萨（Balassa，1965）提出的一个具有较高经济学价值的竞争力测度指标。RCA 是指一国某种商品出口额占该国出口总额的份额与世界出口总额中该类商品出口额占总出口份额的比值。它可用来衡量一国某类产品的出口量占世界该类产品出口量的比重；将其用于服务贸易，则反映一国服务贸易出口量占世界服务贸易出口量的比重。服务业的 RCA 的计算公式为：

$$RCA_i = \frac{X_i/Z_i}{X_w/Z_w}$$

其中，RCA_i 表示 i 国服务业产品的显示性比较优势指数，X_i 表示 i 国当期服务贸易的出口额，Z_i 表示 i 国当期所有产品和服务的总出口额，X_w 表示世界当期服务贸易的出口额，Z_w 表示世界当期所有产品和服务的总出口额。

该指标同样是一个相对值，可以有效剔除国家出口总量以及世界出口总量的波动对可比性的影响，因此可以比较准确地衡量一国在当期服务业产品的出口与世界平均水平的相对位置以及时间序列上的变化趋势。一般情况下，如果 RCA 大于 1，表明该国服务业具有显示比较优势；RCA 小于 1，表明该国服务业没有显示比较优势，或者认为显示了比较劣势。如果 RCA 大于 2.5，表明该国服务业具有极强的国际竞争力；如果 RCA 介于 1.25~2.5，表明该国服务业具有较强的国际竞争力；如果 RCA 介于 0.8~1.25，表明该国服务业具有中度的国际竞争力；如果 RCA 小于 0.8，表明该国服务业的国际竞争力较弱。

（四）显示性竞争优势指数

显示性竞争优势指数（Competitive Advantage，简称 CA），是在 RCA 基础上进一步调整得到的竞争力测度指标。一个产业内可能既有出口又有进口，而 RCA 只考虑一个产业或产品的出口所占的相对比例，并没有考虑该产业或产品的进口影响。当国与国之间存在产业之间的贸易或产业内部也存在进出口贸易的情况下，这种不考虑进口情况的比较优势计算公式，可能得出一个并不正确的结论。为了消除进口的影响，沃尔拉斯和沃（Vollrath and Vo，1988）设计了显示性竞争优势指数，计算公式为：

$$CA_i = RCA_i - \frac{M_i/Y_i}{M_w/Y_w}$$

其中，CA_i 表示 i 国服务业产品的显示性竞争优势指数，M_i 表示 i 国当期服务贸易的进口额，Y_i 表示 i 国当期所有产品和服务的总进口额；M_w 表示世界当期服务贸易的进口额，Y_w 表示世界当期所有产品和服务的总进口额。可以看出，从一国服务业显示性比较优势中减去该产业进口的比较优势，就能得到该国服务业真正的竞争优势。如果 CA 大于 0，表明该国服务业具有国际竞争力；如果 CA 小于 0，表明该国服务业不具有国际竞争力；如果 CA 等于 0，表明该国服务业具有中性国际竞争力。

二、中国服务业国际竞争力状况

由于中国服务业发展相对滞后，关于服务业的研究起步较晚，始于 20 世纪 90 年代中期，对中国服务业国际竞争力的研究则主要集中在中国加入 WTO 之后。由于服务业构成庞杂、性质差异、目标多元，对服务业的分析存在较大困难（江小涓，2011）。较多的学者采用上文中提到的国际市场占有率、贸易竞争优势指数、显示性比较优势指数、显示性竞争优势指数等指标对服务业国际竞争力进行评价，他们普遍认为虽然中国服务业竞争力较弱但仍呈上升趋势。

如表 3-1 所示，中国服务业的国际市场占有率从 1995 年的 1.54% 上升至 2009 年的 2.48%，2009 年中国服务业的国际市场占有率仍低于美国、英国、法国、日本、意大利等国家。综合来看，中国服务业国际市场占有率逐年上升，但与美国等发达国家差距依然很大。

第三章 服务业的竞争力

表 3 - 1　　　　　　　　　　各国服务业的国际市场占有率　　　　　　　　　单位:%

国家	1995 年	2000 年	2005 年	2009 年
中国	1.54	1.99	2.90	2.48
美国	17.54	19.39	14.69	14.58
英国	6.36	7.86	8.10	7.02
法国	6.79	5.29	4.77	4.13
日本	5.27	4.53	4.07	3.68
意大利	4.97	3.70	3.49	2.70
澳大利亚	1.30	1.22	1.21	1.18
印度	0.55	1.09	2.05	2.67
巴西	0.50	0.62	0.63	0.80
俄罗斯	0.85	0.63	0.97	1.19
南非	0.37	0.33	0.44	0.34

数据来源:郭晶,刘菲菲. 中国服务业国际竞争力的重新估算——基于贸易增加值视角的研究 [J]. 世界经济研究,2015 (2):52 - 60 + 128.

如表 3 - 2 所示,美国、英国服务业的显示性比较优势指数(RCA)均逐年上升且大于 1.25,具有很强的国际竞争力。在金砖五国中,印度、巴西的 RCA 指数均有所上升,其中印度已呈现出很强的竞争力;俄罗斯、南非的 RCA 指数变化不大。中国服务业的 RCA 指数呈现逐年下降的趋势,2009 年中国 RCA 指数为 0.45,低于其余全部国家,表明中国服务业呈现出极强的比较劣势,而且这种劣势有恶化的趋势。

表 3 - 2　　　　　　　　　　各国服务业的显示性比较优势指数

国家	1995 年	2000 年	2005 年	2009 年
中国	0.59	0.57	0.45	0.45
美国	1.40	1.43	1.50	1.49
英国	1.29	1.54	1.79	1.88
法国	1.13	1.03	1.07	1.05
日本	0.66	0.66	0.76	0.83
意大利	1.08	0.99	0.99	0.87
澳大利亚	1.21	1.18	1.16	0.97
印度	0.94	1.47	1.76	1.66
巴西	0.60	0.80	0.61	0.70
俄罗斯	0.58	0.67	0.47	0.55
南非	0.74	0.75	0.85	0.70

数据来源:郭晶,刘菲菲. 中国服务业国际竞争力的重新估算——基于贸易增加值视角的研究 [J]. 世界经济研究,2015 (2):52 - 60 + 128.

第二节 服务业区域竞争力评价

服务业的区域竞争力和国际竞争力在内涵和目标指向上是紧密相连的，根据对各种竞争力观点的综合考察，可以将服务业区域竞争力定义为：在国内不同区域单元之间，在一定的社会经济制度和人文自然条件下，某一区域的服务业在参与市场竞争的过程中，相比其他区域利用资源创造经济财富的竞争性能力。关于服务业区域竞争力评价方法，可采用第一节中服务业国际竞争力使用的单项指标评价，但该种方法只能反映服务业在某一具体方面的竞争力情况。为了弥补单项指标不够全面的特点，通常还要采用综合评价的方法。

一、服务业区域竞争力评价指标

遵循科学性、综合性、可操作性、层次性等原则，林吉双等（2018，2019，2021）从服务业发展水平、发展活力、发展条件和发展环境四个维度对中国城市服务业竞争力进行了综合评价，较为科学、全面、系统地评价了中国服务业在区域层面的竞争力状况。

（一）服务业发展水平

服务业发展水平反映了各城市服务业的发展现状，是各区域服务业发展最终的实现指标，与各城市长期以来服务业发展条件、活力和环境等因素密切相关。发展水平指标衡量各城市服务业的发展现状情况，主要包括服务业发展规模水平（服务业增加值和就业人数）、比重水平（服务业增加值和就业人数比重）以及生产率水平（服务密度、人均服务产品值以及服务业生产率）等。

（二）服务业发展活力

发展活力则反映了各城市服务业的动态发展提升情况，长期且持续的较强发展活力能带来各城市服务业发展水平的提升。发展活力指标衡量各城市服务业发展的活力情况，即比较各城市服务业发展水平和条件等指标相对上一年的变动情况，主要包括服务业发展规模活力（包括服务业增加值、服务业就业人数、服务密度、人均服务产品值等总量相比上一年的变化情况等）、比重活力（包括服务业增加值、服务业就业人数、服务密度、人均服务产品值等比重相比上一年的变化情况等）、生产率活力（包括服务业劳动生产率相比上一年的变化情况等）、投资活力（包括固定资产投资和实际利用外资相对上一年的变化情况等）、金融活力（金融机构存款余额相对上一年的变化情况等）和消费活力（社会消费品零售总额相对上一年的变化情况等）等。

（三）服务业发展条件

发展条件从经济和人口规模等角度反映了各城市服务业的发展潜力和基础，这在很大程度上对各城市的服务业发展规模产生影响。发展条件指标衡量各城市服务业发展的经济和人口基础、条件和潜力，主要包括各城市服务业发展所需要的产业条件（包括 GDP、工业总产值、社会消费品零售总额和金融机构存款余额等）、投资条件（包括固定资产投资和实际利用外资情况等）、人口条件（包括常住人口数、人口密度等）等。

（四）服务业发展环境

发展环境反映了与服务业发展息息相关的交通通信、公共服务、生活以及社会保障等环境情况，良好的服务业发展环境能促进服务业发展所需各种要素资源的集聚发展，从而实现城市服务业发展水平的提升。发展环境指标衡量各城市服务业的发展环境状况，主要包括教育环境（包括人均科教经费支出、生均中小学教师数、每万人在校大学生数和中等职业学生数等）、交通环境（包括人均客货运总量、人均城市道路面积、每万人拥有公共汽电车数、人均全年公共汽车客运总量、城市道路面积密度等）、通信环境（包括人均邮电业务总量、固定和移动电话年末用户数、互联网宽带接入用户数等）、公共服务环境（包括公共服务业从业人员密度及占比、每百人公共图书馆藏书、万人拥有病床和医生数等）、生活环境（包括工业固体废物、污水和生活垃圾处理率、建成区绿化覆盖率、人均绿地面积以及人均城市维护建设资金支出等）和社会保障环境（包括城镇养老、医疗和失业保险参保率等）等。

可以看到，发展水平、发展条件、发展活力和发展环境从不同角度对各城市服务业竞争力带来影响。当以上指标数据获得后，可通过以下方法构建各个城市服务业竞争力综合评价指数。具体过程如下：（1）根据三级指标数据，利用主成分分析法合成为二级指标。（2）根据合成得到的二级指标数据，利用主成分分析法合成一级指标。（3）根据合成得到的一级指标数据，科学设置权重，最终合成为城市服务业竞争力的综合分值。

二、中国服务业区域竞争力状况

目前国内已有大量研究致力于服务业的区域竞争力测评。基于形成区域竞争力诸多要素的多重性和复杂性，多数学者主张构建多层次综合评价指标体系。而由于不同的研究目的，也会导致不同的权重分配，最终造成评价结果不一。根据林吉双等（2021）的研究，表 3-3 报告了中国城市服务业竞争力 2018 年度排名。

表 3-3　　　　　　　　　中国城市服务业竞争力 2018 年度排名

排名	竞争力指数		发展水平		发展活力		发展条件		发展环境	
1	北京	100.0	北京	100.0	北京	100.0	北京	100.0	深圳	100.0
2	上海	94.2	上海	90.6	上海	90.3	上海	99.6	东莞	83.0
3	深圳	89.5	深圳	78.3	成都	76.7	深圳	93.6	广州	76.9
4	广州	79.3	广州	77.9	深圳	74.0	广州	81.3	北京	76.2

排名	竞争力指数		发展水平		发展活力		发展条件		发展环境	
5	苏州	71.9	苏州	70.5	武汉	69.4	重庆	80.2	珠海	76.2
6	成都	71.7	成都	67.6	广州	67.5	苏州	79.1	克拉玛依	73.7
7	武汉	70.9	无锡	66.8	长沙	64.8	天津	77.6	上海	72.4
8	杭州	70.5	天津	66.7	南京	64.5	武汉	76.9	乌鲁木齐	72.2
9	南京	68.3	杭州	66.3	太原	64.3	杭州	76.1	厦门	71.4
10	重庆	67.8	佛山	64.5	合肥	63.0	成都	73.4	杭州	68.1
11	长沙	67.3	武汉	62.8	福州	60.6	长沙	72.6	太原	66.6
12	天津	66.4	重庆	62.8	铜仁	60.4	宁波	72.3	南京	66.1
13	佛山	65.5	南京	62.8	杭州	59.9	南京	71.8	嘉峪关	66.0
14	青岛	65.2	长沙	62.3	重庆	59.5	青岛	71.5	中山	64.9
15	无锡	65.1	常州	61.6	青岛	59.4	佛山	69.4	佛山	64.7
16	东莞	64.9	廊坊	61.6	石家庄	58.4	无锡	69.0	苏州	64.4
17	宁波	64.5	南通	61.6	保定	57.6	郑州	68.1	武汉	64.2
18	郑州	63.5	青岛	61.0	郑州	57.2	东莞	66.5	舟山	64.1
19	福州	60.9	宁波	59.5	苏州	57.1	西安	65.6	郑州	64.0
20	济南	60.8	金华	59.1	泉州	57.0	福州	64.3	贵阳	63.0
21	西安	60.8	泰州	58.7	西安	56.5	合肥	64.0	海口	62.9
22	合肥	60.4	扬州	58.3	宁波	56.4	济南	63.5	济南	61.9
23	厦门	60.3	郑州	58.1	济南	55.3	南通	63.4	沈阳	61.6
24	南通	60.1	漳州	58.0	温州	55.2	嘉兴	62.8	无锡	61.3
25	珠海	59.6	福州	57.8	芜湖	55.0	烟台	62.2	昆明	61.2
26	嘉兴	58.6	沧州	57.6	晋城	55.0	珠海	62.1	三亚	60.7
27	泉州	57.4	济南	57.6	长治	54.9	厦门	61.9	天津	60.1
28	舟山	57.3	镇江	57.6	朔州	54.7	南昌	61.7	大连	59.9
29	中山	57.2	鄂尔多斯	57.4	新乡	54.6	泉州	60.7	成都	59.7
30	石家庄	57.2	温州	57.4	惠州	54.3	舟山	59.8	呼和浩特	59.5
31	太原	57.0	台州	57.1	六安	54.3	长春	59.8	长沙	59.4
32	温州	57.0	西安	56.8	南宁	54.0	威海	59.3	本溪	59.4
33	常州	57.0	东莞	56.7	南通	54.0	绍兴	59.1	常州	59.4
34	大连	56.8	泉州	56.4	乌鲁木齐	53.7	扬州	58.9	银川	58.8

续表

排名	竞争力指数		发展水平		发展活力		发展条件		发展环境	
35	扬州	56.7	潍坊	56.3	沈阳	53.7	唐山	58.6	宁波	58.7
36	南昌	56.6	哈尔滨	56.3	厦门	53.6	石家庄	58.5	兰州	58.7
37	绍兴	56.6	嘉兴	56.1	阜阳	53.6	温州	58.5	青岛	58.3
38	昆明	56.1	大连	56.1	佛山	53.5	贵阳	58.3	乌海	58.2
39	贵阳	56.1	绍兴	56.1	马鞍山	53.5	常州	58.3	威海	57.7
40	烟台	55.7	常德	56.0	南昌	53.5	昆明	58.2	包头	57.5
41	沈阳	55.7	徐州	55.8	宜昌	53.4	哈尔滨	58.1	西安	57.0
42	金华	55.5	盐城	55.7	嘉兴	53.4	东营	57.8	南昌	56.7
43	哈尔滨	55.5	岳阳	55.2	阳泉	53.4	大连	57.7	东营	56.2
44	泰州	55.5	中山	55.0	台州	53.4	淄博	57.4	合肥	56.1
45	威海	55.5	石家庄	55.0	襄阳	53.2	鄂尔多斯	57.1	鄂尔多斯	56.0
46	台州	55.3	松原	54.9	东莞	53.1	中山	57.0	嘉兴	55.7
47	乌鲁木齐	55.2	呼和浩特	54.7	忻州	53.1	泰州	56.9	南宁	55.6
48	潍坊	54.9	丽水	54.5	大同	52.9	潍坊	56.6	湖州	55.6
49	鄂尔多斯	54.8	三明	54.4	龙岩	52.9	芜湖	56.2	绍兴	55.4
50	唐山	54.7	朔州	54.3	洛阳	52.8	徐州	56.1	镇江	54.6

数据来源：林吉双，孙波，陈和. 广东对外贸易和服务经济热点问题研究［M］. 北京：经济科学出版社，2021.

（一）中国城市服务业整体竞争力格局

2018 年中国城市服务业竞争力指数排名前十的城市依次是：北京、上海、深圳、广州、苏州、成都、武汉、杭州、南京、重庆，这些城市集中于省级行政经济中心或者区域经济中心，其中，7 个城市属于东部地区，2 个城市属于西部地区，1 个属于中部地区，东北地区未有任一城市进入全国十强之列。

从区域分布看，在服务业竞争力 50 强城市中，东部地区城市有 34 个，占比 68.0%，中部地区、西部地区与东北地区城市分别占比 12.0%、14.0%、6.0%。东部地区 87 个城市中，有 57 个城市超过全国平均水平，占比 65.5%；中部地区 80 个城市中，有 17 个城市超过全国平均水平，占比 18.8%；西部地区 88 个城市中，17 个城市超过全国平均水平，占比 19.3%；东北地区 34 个城市中，4 个城市超过全国平均水平，占比 11.8%。服务业竞争力指数排名后 30 位的城市均来自西部地区（21 个）与东北地区（9 个），详情见表 3 - 4。

表 3 - 4　　　　　　　　　中国城市服务业整体竞争力格局　　　　　　　单位：个

区域	城市总数	全国服务业竞争力前 50 位城市数	全国服务业竞争力平均水平以上城市数	全国服务业竞争力后 30 位城市数
东部地区	87	34	57	0
中部地区	80	6	15	0
西部地区	88	7	17	21
东北地区	34	3	4	9

数据来源：林吉双，孙波，陈和. 广东对外贸易和服务经济热点问题研究［M］. 北京：经济科学出版社，2021.

（二）中国城市服务业发展水平格局

2018 年中国城市服务业发展水平指数排名前十的城市依次是：北京、上海、深圳、广州、苏州、成都、无锡、天津、杭州、佛山，其中 9 个城市属于东部地区，1 个城市属于西部地区。

从区域分布看，在服务业发展水平 50 强城市中，东部地区城市有 36 个，占比 72.0%，中部地区、西部地区、东北地区城市分别占比 12.0%、10.0%、6.0%。东部地区 87 个城市中，有 60 个城市越过全国平均线，占比 69.0%；中部地区 80 个城市中，有 22 个城市越过全国平均线，占比 27.5%；西部地区 88 个城市中，有 15 个城市越过全国平均线，占比 17.0%；东北地区 34 个城市中，有 6 个城市越过全国平均线，占比 17.6%。全国服务业发展水平指数排名后 30 位的城市都来自中西部地区和东北地区，其中西部地区占到 56.7%，见表 3 - 5。

表 3 - 5　　　　　　　　　中国城市服务业发展水平格局　　　　　　　　单位：个

区域	城市总数	全国服务业发展水平前 50 位城市数	全国服务业发展水平平均水平以上城市数	全国服务业发展水平后 30 位城市数
东部地区	87	36	60	0
中部地区	80	6	22	3
西部地区	88	5	15	17
东北地区	34	3	6	10

数据来源：林吉双，孙波，陈和. 广东对外贸易和服务经济热点问题研究［M］. 北京：经济科学出版社，2021.

（三）中国城市服务业发展活力格局

2018 年中国城市服务业发展活力指数排名前十的城市依次是：北京、上海、成都、深圳、武汉、广州、长沙、南京、太原、合肥，其中，5 个城市属于东部地区，1 个城市属于西部地区，4个城市属于中部地区。

从区域分布看，在服务业发展活力50强城市中，东部地区城市与西部地区城市数目基本持平，东部地区城市有23个，占比46.0%，中部地区城市有20个，占比40.0%，西部地区、东北地区城市分别占比12.0%、2.0%。东部地区87个城市中，有42个城市超过全国平均水平，占比48.3%；中部地区80个城市中，有45个城市超过全国平均水平，占比56.3%；西部地区88个城市中，有19个城市超过全国平均水平，占比21.6%；东北地区34个城市中，有4个城市越过全国平均线，占比11.8%。在全国服务业发展水平指数排名后30位的城市中，东部地区与西部地区、东北地区基本持平，中部地区最少，见表3-6。

表3-6 中国城市服务业发展活力格局 单位：个

区域	城市总数	全国服务业发展活力前50位城市数	全国服务业发展活力平均水平以上城市数	全国服务业发展活力后30位城市数
东部地区	87	23	42	9
中部地区	80	20	45	2
西部地区	88	6	19	11
东北地区	34	1	4	8

数据来源：林吉双，孙波，陈和．广东对外贸易和服务经济热点问题研究［M］．北京：经济科学出版社，2021．

（四）中国城市服务业发展条件格局

2018年中国城市服务业发展条件指数排名前十的城市依次是：北京、上海、深圳、广州、重庆、苏州、天津、武汉、杭州、成都，其中，7个城市属于东部地区，2个城市属于西部地区，1个城市属于中部地区。

从区域分布看，在服务业发展条件50强城市中，东部地区城市有35个，占比70.0%，远高于中西部地区（12%）、东北地区（6.0%）。东部地区87个城市中，有56个城市优于全国平均水平，占比64.4%；中部地区80个城市中，有17个城市优于全国平均水平，占比21.3%；西部地区88个城市中，有16个城市优于全国平均水平，占比18.2%；东北地区34个城市中，有4个城市优于全国平均水平，占比11.8%。在全国服务业发展条件排名后30位的城市中，中部地区、西部地区与东北地区各占30%左右，见表3-7。

表3-7 中国城市服务业发展条件格局 单位：个

区域	城市总数	全国服务业发展条件前50位城市数	全国服务业发展条件平均水平以上城市数	全国服务业发展条件后30位城市数
东部地区	87	35	56	1
中部地区	80	6	17	8

续表

区域	城市总数	全国服务业发展条件前50位城市数	全国服务业发展条件平均水平以上城市数	全国服务业发展条件后30位城市数
西部地区	88	6	16	10
东北地区	34	3	4	11

数据来源：林吉双，孙波，陈和. 广东对外贸易和服务经济热点问题研究［M］. 北京：经济科学出版社，2021.

（五）中国城市服务业发展环境格局

2018年中国城市服务业发展环境指数排名前十的城市依次是：深圳、东莞、广州、北京、珠海、克拉玛依、上海、乌鲁木齐、厦门、杭州，其中，8个城市属于东部地区，2个城市属于西部地区，特别地，东部地区城市中有一半属于广东省，西部地区所有城市属于新疆维吾尔自治区。

从区域分布看，在服务业发展条件50强城市中，东部地区有27个，占比54.0%，西部地区有14个，占比28.0%，中部地区和东北地区分别占比12.0%、6.0%。东部地区87个城市中，有46个城市优于全国平均水平，占比52.9%；中部地区80个城市中，有15个城市优于全国平均水平，占比18.8%；西部地区88个城市中，有25个城市优于全国平均水平，占比28.4%；东北地区34个城市中，有14个城市优于全国平均水平，占比41.2%。在全国服务业发展环境排名后30位的城市中，西部地区比重最大（60.0%），其次为中部地区（26.7%）、东北地区（6.7%）、东部地区（6.7%），见表3-8。

表3-8　　　　　　　　　中国城市服务业发展环境格局　　　　　　　　单位：个

区域	城市总数	全国服务业发展环境前50位城市数	全国服务业发展环境平均水平以上城市数	全国服务业发展环境后30位城市数
东部地区	87	27	46	2
中部地区	80	6	15	8
西部地区	88	14	25	18
东北地区	34	3	14	2

数据来源：林吉双，孙波，陈和. 广东对外贸易和服务经济热点问题研究［M］. 北京：经济科学出版社，2021.

总体上，从整体服务业竞争力看，东部地区显著高于其他地区，主要以北上广深为代表，中部地区与西部地区基本持平，分别以武汉、成都为代表。其中西部地区城市竞争力两极分化相对严重，居全国平均水平以下的城市较多，东北地区最弱，以大连为代表。从服务业发展水平看，东部地区＞中部地区＞西部地区＞东北地区；从服务业发展活力看，中部地区＞东部地区＞西部地区＞东北地区，其中东部地区部分城市服务业发展面临后劲不足的问题；从服务业发展条件看，东部地区显著高于其他地区，中部地区与西部地区基本持平，东北地区最弱；从服务业发展环境看，东部地区 > 东北地区 > 西部地区 > 中部地区。

第三节　服务业竞争力影响因素与提升路径

服务业竞争力评价指标更多表征的是一国或一地区竞争力的结果，但尚未解释各国和各地区服务业的产品在国内外市场上会具有不同竞争力或竞争结果的原因。换言之，哪些因素可以决定服务业产品在国内外市场上的竞争结果。通过这些影响因素的分析，可以有的放矢，相应地提出提升国家或区域服务业竞争力的对策与路径。

一、服务业竞争力的影响因素

（一）生产要素供给

哈佛大学波特（Porter）在钻石模型中将生产要素分为高级生产要素和初级生产要素，包括自然资源、知识资源、人力资源、资本资源等。当前，传统的自然资源禀赋作用逐渐弱化，服务业竞争力更多地体现人力资源、数字化水平等高级生产要素领域。

在数字经济时代，数据成为除劳动力、资本、技术之外的新型生产要素。数字技术对服务业的渗透实现了服务业质的发展，极大提高了服务业生产率。一方面，数字技术的应用实现了部分岗位的自动化，比如将供求信息转化为数据，并利用大数据进行供需的有效整合与精准匹配，提高了搜索消费者个性化需求的速度与准确性。另一方面，数据要素的独特性放松了服务过程对时间和空间的约束。数据信息依托数字化基础设施的建设，突破了地理距离的制约，使原本不可贸易的服务、难以满足的需求在数字技术平台得以实现。

人力资本对服务业竞争力的重要影响与服务业的特性有关。服务生产与消费的同时性，对服务业从业人员的素质提出了更高的要求；对知识技术密集型的新兴服务业来说，其服务的生产过程具有非物质化的特点，即人的知识及创新意识是最重要的投入要素。从宏观角度出发，一个国家教育发展的整体水平、教育结构，对高素质人才的成长环境将产生决定性影响。教育投资越多，高级人力资源培育能力越强，从而直接作用于技术创新能力以推动竞争力提升。美国拥有世界上规模最大、最具竞争优势的科技人才队伍，长期对教育的投入和对人才的引进，为美国服务业的快速发展储备了丰富的人力资本。

（二）需求条件规模

马斯洛（Maslow）于1943年提出了需求层次理论，将人的需求分为生理需求、安全需求、社交需求、尊重需求和自我实现需求5个层次。第一产业可以满足大部分生理需求，第二产业满足部分生理需求以及安全需求，而更高级的需求要依靠人际网络与服务业的发展。波特的竞争优势理论认为，当一国市场对某一产品的需求大于国外市场时，则可获得规模经济效应；当一国市场的消费需求层次高于其他国家时，有利于产业转型升级；当一国消费者的需求较其他国家的消费者需求更加超前时，则有利于该国发展前瞻性产业。因此，服务业竞争力的提升有赖于一国或一地区消费需求偏好和独立购买者的多寡。

市场的需求状况不仅影响服务业的生产规模，而且影响本产业对服务产品更新改造的范围和速度。对服务业而言，服务需求的增长主要体现在两个方面，即消费者需求的增长和生产者需求的增长。消费者需求的增长与一国的收入水平成正比，因为相当多的服务需求来自发展需求和提高生活质量需求。生产者需求的增长与分工和专业化的发展有关，而这种分工和专业化主要由技术进步和市场体系的发达程度所决定。例如，生产性服务业特殊的产业来源决定了其对制造业中间需求存在特殊性，因此国内制造业对生产性服务业的中间需求越大，生产性服务业的竞争力越强。

相较于发展中国家，发达国家服务业的发展可以获得更多的国内需求支持，具有较强的国际竞争力，所以国内服务需求越高，越能推动服务业的发展，从而向国内外市场提供服务的能力也越强。

(三) 相关产业支持

任何一个产业的崛起都是同国内与其相关和支持的产业一同发展的，不可能单独存在。随着经济发展，信息技术、生物技术、网络技术、数字技术等逐渐占据世界经济的主导地位，服务业成为各行各业的有力支撑。服务业的相关产业和支持产业的发展能够帮助服务业降低投入成本，促进竞争力提升。

一般而言，支持产业是指为某产业提供中间投入的上游产业，相关产业包括可以与之相协调和共享某些活动的产业或具有互补性的行业。共享活动可以是技术开发、制造、配送系统、营销以及服务等。所以一国或一地区的服务业竞争力离不开服务业内部行业以及第一、第二产业的支持。具有竞争力的上游产业，将以最有效的方式为下游产业提供成本最低的投入，带动下游产业提高竞争力；而相关产业则以相同的技术和供货为依托，易于展开信息交流与合作，具有明显的相互影响及带动作用。

对服务业而言，制造业以及服务业内部各行业可以视为其支持产业和相关产业。制造业的设备是服务运营必不可少的中间投入，同时某一服务行业的具体运营，也要购买相关的服务作为中间投入。以物流业为例，物流业的运营不仅需要各种硬件设备，还需要交通、通信和仓储等服务行业的协调。

(四) 政府政策干预

政府作用主要表现为政府对产业、企业创造能力的孵化与激励，以及制定市场准入、竞争规则和实施竞争规则的监督。为扶持某一行业的发展，政府可根据自身对地区产业发展现状的考察和产业结构变动趋势的预测，基于地区经济发展的宏观目标，向众多或者个别产业发布针对性的信号指导或计划指令，以调整资源在产业部门间以及产业部门内的配置，最终实现产业规模和结构向其目标状态的转变，提升竞争力，例如国务院 2007 年发布的《关于加快发展服务业的若干意见》等。

第三章　服务业的竞争力

扩大服务业对内开放，有效利用优质资源，是提升服务业竞争力的重要途径。西方发达国家在许多服务领域已经打破垄断，引入竞争的管理体制，这在很大程度上为该领域中的企业提供了有利于培育竞争力的竞争环境。如德国以扩大对内开放打破电信等行业的垄断，通过引入竞争促进本国企业加大研发力度，增加在开拓市场、营销等方面的投入，不断提升服务业竞争力。

我国改革开放的实践表明，开放是提高产业竞争力的有效措施，市场开放度越高的地区，其竞争力也越高。现代市场经济的发展使各国不断产生突破国家界限、寻求内外分工协作和内外交叉渗透的强烈需求。对服务业而言，对外开放有助于本国服务业吸收人力、资本、管理经验等要素，夯实本国服务业发展基础，促进服务业总量增加，并引入竞争，促进本国服务业提升产品和服务质量。

二、提升服务业竞争力的路径

（一）加大基础设施投资

基础设施作为保障国家社会经济生活正常有序运作的服务系统，为社会生活和经济生产提供了公共服务的物质工程设施。服务业作为经济生活中的一个重要组成部分，同样需要基础设施的有力保障。在信息化社会，电信基础设施的信息化和网络化，不仅是扩大服务出口的有效手段，更是提高各种服务业部门效率的先决条件。当前，数字经济日益繁盛，第五代移动通信技术（5G）、人工智能、大数据和区块链等新兴通信技术及其相关产业正在崛起，这些新型基础设施建设将会加速服务内容、业态和商业模式创新，推动服务网络化、智慧化与平台化，提升知识密集型服务业比重。以数字基础设施赋能服务业结构升级，压缩信息时空传递距离，增强区域间经济活动关联的广度和深度，不仅能够扩大服务业的服务半径，而且能提高服务业全行业竞争力。

（二）强化人才培养引进

要加强服务业人才培养和引进。支持高等院校、科研院所加大对高端管理人才、技术人才和商务人才的培养力度，为拔尖人才的脱颖而出创造各方面条件，建立全球高端人才数据库，依托重大人才工程，引进具有重大原始创新能力的科学家、科技领军人物和科研团队，广泛吸引海内外高层次人才回国创新创业；搭建人才交流平台，采取人才流动鼓励政策，对发展相对较弱的城市采取人才补贴等优惠政策，建立落后地区人才发展基金，吸引和号召大学生回乡创业和就业；加强服务业人才管理与培训。大力推行服务业职业教育，设立统一的服务业培训标准，建立长期化、规范化、系统化的服务人才培训制度，培养一批服务于一线的工匠人才。

（三）加强区域合作集聚

在强调区域资源争夺的同时，要加强区域间的分工协作，突出各个区域的服务业优势地位，形成优势产业的集群效应。当产业集群形成后，将可以通过多种途径，如降低成本、刺激创新、提高效率、加剧竞争等，提升整个区域的竞争能力，并形成一种集群竞争力。由于这种竞争力是一种通过网络关系所建立的特定结构形成的，因此也把它称为结构竞争力。相较于工业制造业，服务业集群的形成高度依赖于区域整体的经济基础、社会结构、产业构成与发展、人才培养与提供、现代信息技术的应用等基础性条件，而且服务业集群对外部知识、信息流动等要素的使用更多，对区域整体甚至全球市场的依赖更大。就世界范围而言，比较著名的现代服务业集群如以金融商务服务业为主导产业的纽约曼哈顿模式、以金融业为主的伦敦金融城模式、以生产服务业集群为主的东京新宿模式以及美国从波士顿至华盛顿一线的旅游产业密集带等。

（四）推动产业融合发展

鼓励和引导制造业投入与产出服务化，推动非服务业部门活动外部化，提高社会化分工程度，提升国内经济对服务业的有效需求。继续打造面向制造业集群的公共服务平台，提升配套性生产性服务有效供给。对于具有一定服务化经验的制造业企业而言，一旦生产性服务企业所提供的投入和产出服务在很多方面无法满足其服务化需求，那么制造业企业将选择服务功能内部化。因此围绕制造业集群企业的共性生产性服务需求，加快形成以公共服务平台为支撑的生产性服务网络，积极落实生产性服务业专项资金及财税、金融、用地和人才等优惠政策，推动研发设计与其他技术服务、信息服务、金融服务、生产性租赁服务、商务服务等高端生产性服务业的优化发展和协同集聚，促进制造业集群企业服务活动外部化。

（五）深化经济体制改革

服务业传统经营方式多，密集型劳动多，展业分工很不发达，因此要加强技术创新，支持引导研发设计、知识产权、信息技术、检验检测认证、文化创意、节能环保等领域的服务业企业加大研发投入力度，创新研发机制，鼓励服务业企业运用"服务业＋网络化/数字化/智能化"思维，紧密对接市场需求，强化理念思路更新、业务流程再造、组织管理体制变革，积极发展"四新"服务业态；进一步推进投资便利化，强化投资主体多元化机制，进一步提高服务业固定资产投资额，实现招商引资、招商引智和招商引技一体化，在目标国家增设境外经贸代表处，推动重大利用外资项目落地投产；大力推进服务业对内开放。要加快打破服务业行业的行政性与国有化垄断，允许民营企业与国有企业、外资企业公平竞争，在行业准入、政策优惠、用人制度等方面一视同仁；大力推进服务业对外开放。全面落实并调整外商投资准入负面清单，依托自贸区、先行示范区逐步推动教育、文化、医疗等服务领域有序开放，将外资管制政策重心由外资控股权等市场准入相关的限制调整至竞争政策、反垄断政策为主的市场竞争行为的规范。

（六）完善相关法规体系

我国服务业起步较晚，相关制度还不健全，还不能很好地为我国服务贸易的发展保驾护航。同时，我国在制定国际服务贸易规则方面缺乏话语权，通常是被动接受发达国家制定的国际规则。美国在 1974 年，颁布了专门适用于服务业领域的《1974 年贸易法》，之后又颁布了《1984 年贸易与关税法》等一系列配套法律。在服务业细分行业也颁布了《航运法》《版权法》《信息自由法》《电信法》等。德国在服务业领域也拥有较为完善的法律体系，先后制定了《电信法》《保险法》《银行法》《建筑法》等，为了适应国际惯例新要求，还颁布了《服务业统计法》等。我国从加入世界贸易组织以来颁布了系列针对服务业的政策法规，如《商业银行法》《广告法》《保险法》《律师法》等。但是，与西方发达国家相比，我国服务业相关立法相对滞后，特别在涉及贸易争端时，会出现无法可依的尴尬局面。因此，我国有必要根据服务业发展现状，建立健全法规制度，以吸引外资、加强监管、解决争端。同时，将管理条例赋予法律权威，推动形成管理有序的服务业法律体系。

第四章 服务业的创新发展

第一节 服务业创新的环境

一、技术环境

技术变革是推进服务业创新发展的重要驱动力，是支撑服务业高质量发展的根本途径。新一代信息技术革命浪潮席卷全球，我国在物联网、大数据、云计算、人工智能、5G等新一代信息技术的引领下迈入数字时代，为服务业创新发展营造良好技术环境[1]。2019年8月，国务院办公厅印发《关于促进平台经济规范健康发展的指导意见》，鼓励发展"互联网+服务业"，为数字技术在服务业领域的应用提供了政策支持。伴随新一代信息技术的不断突破和广泛应用，我国服务业创新的活跃度和水平持续提升，服务业新业态、新模式创新相继涌现，数字赋能服务经济创新发展的作用日益凸显。

☞ **案例1**

数字技术在医疗服务领域的应用

数字技术被广泛应用于远程医疗、电子病历、图像存档和传输系统等方面，通过简化就医流程、共享医疗资源等降低就医费用、改善就医体验，为健康中国建设注入新动能。

（1）远程医疗：数字医疗能够跨越时空，解决医患之间的信息不对称问题。通过互联网将全国各地的患者和专家动态地连接起来，使医者与患者如面对面一样沟通，极大降低患者外地当面就医的成本。

（2）电子病历：数字医疗将患者病历、健康档案实现数据化，有助于提高疾病诊断与患者管理效率，进一步解放医疗生产力。利用数字技术打造的病例数据库具有迅速检索查询、方便保存等特点，当患者到医院就诊时，医生通过病例数据库即可将患者病历导出，极大地提升疾病诊断效率。

（3）图像存档和传输系统：数字医疗有助于促进医疗机构管理精细化。通过将X射线、

---

① 于未东．数字技术赋能民生高质量发展［N/OL］．学习时报，2022－02－18［2022－07－18］．https：//theory. gmw. cn/2022-02/18/content_35527028. htm.

CT、彩超等医疗设备所产生的图像信息进行收集、传输，可有效避免资料丢失、错拿等问题，显著提升管理与服务水平。

资料来源：申少铁．充分激发数字医疗的优势［N/OL］．人民日报，2022 - 03 - 29（05）［2022 - 08 - 10］．http：//www．qstheory．cn/qshyjx/2022-03/29/c_1128512964．htm．

二、政策环境

2012 年以来，我国出台了一系列支持服务业发展的法律法规和政策意见，为服务业创新发展提供重要政策保障。2014 年 8 月，国务院印发《关于加快发展生产性服务业促进产业结构调整升级的指导意见》，提出要加快生产性服务业的创新发展，实现服务业与农业、工业在更高水平上的有机融合。2016 年，工信部联合国家发改委、中国工程院印发《发展服务型制造专项行动指南》，提出创新设计、定制化服务、供应链管理、网络化协同制造服务、服务外包、产品全生命周期管理、系统解决方案、信息增值服务、相关金融服务、智能服务等十类服务型制造模式。2017 年 6 月，国家发展改革委印发《服务业创新发展大纲（2017 - 2025 年）》，明确了服务业创新发展的目标和重点任务，即到 2025 年，服务业创新能力大幅度提升。2019 年 10 月，国家发展改革委、市场监管总局制定了《关于新时代服务业高质量发展的指导意见》，明确要重点做好服务业创新工作，不断提升新时代服务业发展质量、效益和水平。2019 年 11 月，国家发展改革委等十五部门联合印发《关于推动先进制造业和现代服务业深度融合发展的实施意见》，提出柔性化定制、共享生产平台、总集成总承包、全生命周期管理等十种融合型新业态新模式。2020 年 7 月，工信部等十五部门又联合印发《关于进一步促进服务型制造发展的指导意见》，进一步明确工业设计服务、定制化服务、检验检测认证服务、生产性金融服务等九大类服务型制造模式。2021 年 3 月，国家发改委等十三部门联合印发《关于加快推动制造服务业高质量发展的意见》，提出培育服务衍生制造、供应链管理、总集成总承包等新业态新模式。2022 年 2 月，国家发展改革委、财政部、文化和旅游部等十四部委印发《关于促进服务业领域困难行业恢复发展的若干政策》的通知，提出新一轮纾困扶持政策措施，旨在帮助包括旅游在内的服务业领域困难行业渡过难关、恢复发展。促进服务业发展的政策体系日趋完善，为加快释放服务业创新动力，培育壮大服务业新动能，推进服务业增量提质指明了方向。

三、市场环境

服务业创新发展面临的市场环境机遇与挑战并存。近年来，我国服务业营商环境大幅改善，为推动服务业创新发展提供良好发展机遇。据世界银行发布的《全球营商环境报告2020》显示，我国营商环境位列世界第 31 位，东亚太平洋地区第 7 位，仅次于日本，我国已连续两年被世界银行评选为全球营商环境改善幅度最大的十大经济体之一。叠加城乡居民消费向个性化、品质化升级，服务业创新发展市场空间巨大。同时，由于我国服务业企业在研发设备、研发人力资本等方面的创新研发投入不足，真正有核心技术和自主创新能力的服务业企业较少，服务业企业自主创新能力有待提升。我国具备跨行业知识技能的复合型、国际化人才相对匮乏，难以满足现代服务业创新发展需要。相比欧美发达国家，我国知识产权保护与制度建设比较落后，相关法制法规建设尚待完善，一定程度阻碍了技术密集型服务业和知识密集型服务业的发展。

第二节 服务业创新发展的内涵

一、服务业创新的概念

美籍奥地利经济学家熊彼特（Schumpeter，1912）在其著作《经济发展理论》中首次提出了"创新"这一概念。他指出：创新就是将一种新的生产要素和生产条件进行结合后，引入生产体系。它主要包括新的产品、新的生产方法、新的市场、获得原材料或半成品的新来源、新的组织形式。熊彼特认为，创新是提高各类资源要素配置效率的活动的凝结，包括产品创新和过程创新。相关研究表明，在有关创新的文献中，99%以上均以制造业为对象，绝大多数重要的创新模型和规律都是以制造业为蓝本提出的，对服务业创新的研究屈指可数。在很长一段时间里，研究者对服务业创新的研究并不重视，导致服务业的创新性很低。然而，国内外学者通过大量的理论和实证研究发现：服务业和制造业行业特点不同，创新也表现出较大区别。

首先，服务业创新与制造业创新的本质不同。制造业创新是产品的创新，其结果具有明确载体，而服务业创新提供的是无形产品[1]。其次，相对于制造业，服务业创新的可复制性较小。服务业创新通常是针对顾客具体要求的一种新的解决办法或方案，重复性较小。如咨询服务业企业对客户需求进行了解之后，利用专业人员的技术和能力，直接向客户提供个性化知识产品[2]。最后，顾客在创新过程中起到的作用不同。对服务业创新来说，顾客不但能促进服务业创新思想的形成，还可亲自参与创新过程，对创新结果的产生起到重要推动作用；而制造业创新中，顾客无法直接参与其创新过程，很大程度上是创新结果的接受者，在创新过程中作用相对较小。

目前，对服务业创新这一概念，国内外学者均未给出统一、明确的概念。但从服务创新的角度，学者们给出了有助于理解服务业创新的思路。具体而言，从经济角度看，服务创新是一种经济活动，即通过某种方法增加有形或无形服务产品的附加价值；从技术角度看，服务创新是指为充实人们的精神生活，围绕社会生产、文化、生态进步等的软技术创新活动；从社会角度看，服务创新是指为提高生活质量、改善生活环境的社会活动；从方法论角度看，服务创新是一种为增加产品附加价值而开发的新方法、新手段。对服务业创新的内涵，托马斯·赫托格和比尔德贝克（Thomas Hertog and Bilder-beek，1999）通过建立服务概念、

---

① 邢丽娟，李凡. 服务经济学 [M]. 天津：南开大学出版社，2014：143 – 144.
② 原毅军，高艳. 服务业与制造业创新过程对比研究 [J]，科技和产业，2011，11（1）：6 – 9.

服务界面、服务技术和服务方式的服务创新模型，对服务业创新内涵给予了较为全面的研究。

综合上述对服务创新的概念探讨，本书将服务业创新定义为：服务业创新是一种发生在服务业内部的各种创新活动的总称。也就是说，服务业企业通过将新的生产资源引入新的生产体系，运用新生产方法、新生产技术等，推出新服务产品、开辟新市场的活动。

二、服务业创新的特征

（一）服务业创新以数字技术为重要支撑

数字技术的应用重新定义了企业创新边界，通过构建数字化、网络化和智能化创新平台，有效整合服务业企业内外部创新渠道，极大拓展了服务业企业创新网络和创新资源，强化服务业企业的创新创造能力[①]。数字技术应用有助于打通企业内部信息壁垒，为服务业企业带来更加灵活的创新组织和管理机制，促进服务业企业优化资源配置，有效提升企业运营管理效率。数字技术助力服务业企业以极其方便、快捷、高效的方式收集、整理和共享信息，加速管理者对市场信息和创新机会的把控，通过系统精准评估和动态调整方案实现企业服务创新与企业价值创造。

☞ **案例 2**

沃尔玛的数字化转型之路

沃尔玛公司于 1962 年在阿肯色州成立，1991 年年销售额突破 400 亿美元，成为全球大型零售企业之一。当前，沃尔玛正快速向数字化转型，沃尔玛中国依托微信支付实现传统商超的数字化运营升级，为零售业的数字化、智慧化转型树立良好榜样。

（1）沃尔玛借助微信升级支付小程序，打通"到店""到家"消费场景。2019 年沃尔玛小程序全面上线，将"到店"与"到家"消费场景融合，目前已覆盖 400 多家大卖场及社区店，注册用户超过 7 000 万。

（2）沃尔玛联合微信支付推出"扫码购"，提升收银效率与消费者购物体验。2018 年，沃尔玛与微信支付联合推出让消费者边扫边逛的小程序"扫码购"，其特点如下：第一，消费者不必排队等待结账，可直接在微信小程序上自助"扫一扫"录入商品，并用微信支付完成付款；第二，在"扫码购"专用通道核验时间不超过 5 秒，全面提升线下购物交易效率；第三，消费者购物保存记录可随时核对，减少了纸质小票的使用。

（3）沃尔玛通过微信支付实现无接触核销消费券，为线下交易引流。疫情期间，各地政府通过微信平台发放电子消费券，覆盖 24 城 76 家门店。消费者通过线上朋友圈广告或微

---

① 李晓华. 数字技术推动下的服务型制造创新发展 [J]，改革，2021，332（10）：72 - 83.

信社群消息进入沃尔玛小程序领券，线下消费时通过微信支付时实现自动核销。

资料来源：伊晓霞. 边逛边扫移动支付 沃尔玛推进门店升级 [N/OL]. 南方都市报，2018 - 06 - 21 [2022 - 07 - 15]. https://www.sohu.com/a/237059304_161795.

（二）服务业创新以客户需求为导向

服务业生产和消费过程高度一致，在实施营销和服务时应首先从客户角度出发，不断创造出满足客户现有需求和潜在需求的服务产品。服务业企业必须始终围绕适应客户需求、增加客户价值进行服务创新。服务业企业可通过以下三个方面深入了解客户需求，为创新提供客户端的指引：第一，通过有效手段获取客户需求。服务业企业通过公司后台分析服务产品运营数据，查阅产品分析调研报告，挖掘客户对服务产品的现有及潜在需求。第二，仔细解读客户需求。服务业企业在获取客户服务产品需求数据后，深层次解读客户购买及使用的行为路线，以"看行为""听对话""说感受""深度思考"等方式，有效解读客户行为。第三，归纳总结客户需求。服务业企业归类总结与客户需求相关的数据信息，再划分客户需求层次，获取客户的基本需求及惊喜需求数据信息。

☞ **案例 3**

小仙炖以客户需求为中心进行数字化创新

作为鲜炖燕窝领导品牌，小仙炖鲜炖燕窝始终坚持以客户需求为导向，进行数字化创新，由此收获了众多用户的认可和青睐，已实现连续五年鲜炖燕窝全国销量领先。

（1）小仙炖根据用户的不同需求，创新打造一对一滋补小管家服务团队，对各用户提供差异化日常滋补建议。在滋补小管家服务的基础上，小仙炖持续探索运用数字化营销工具，联动公域＋私域，打造智能化运营闭环，实现运营动作可分析、过程可监测、结果可量化、原因可追溯、策略可针对性迭代的效果。

（2）有效解决滋补用户面临的痛点与难题，满足消费者对于新鲜、营养的需求。小仙炖创新鲜炖燕窝新品类，并创新引入顾客对工厂（C2M）模式，省去中间商环节，实现用户下单需求直达工厂、每周冷鲜配送。

（3）小仙炖针对用户需求，开发了"自助发货调整"小程序。用户可随时修改自己的发货时间和收货地址，在休假、出差等场景随意切换，帮助用户在快节奏的生活中养成周期规律服用的滋补习惯。

资料来源：刘潇潇. 小仙炖获选数字化创新案例 [N/OL]. 中华工商时报，2022 - 03 - 25 [2022 - 07 - 10]. http://www.ce.cn/cysc/sp/info/202203/25/t20220325_37433530.shtml.

（三）服务业创新与制造业创新融合共生

受数字技术变革和商业模式创新等多重因素影响，服务业与制造业跨界融合创新共生的

第四章　服务业的创新发展

趋势愈发明显，具体表现为制造业服务化、服务业产品化[1]。其中，制造业的投入服务化和产出服务化极大地拓展了服务业创新发展的外延。以研发设计、融资租赁、信息技术、节能环保、检验检测认证、电子商务、商务咨询、服务外包、人力资源和品牌建设等为代表的生产性服务业深度融入制造业生产过程中，推动制造业企业从微笑曲线中较低价值的组装、制造环节向更高价值的设计、研发和服务环节移动，展现出强大的创新活力。服务业产品化是指通过改变服务的生产方式，把满足消费者需求的服务进行具象化、产品化，进而按照传统产品市场的原则，把服务产品交付给顾客。要实现服务业产品化，要求服务业企业树立以"用户体验思维"为核心的理念，充分考虑顾客服务需求，为顾客提供专业化、个性化、差异化、高端化的集成服务产品。

☞ **案例 4**

中国传统文化影视的服务业产品化探索

中华民族五千多年的历史文化，为影视形象的服务业产品化的文创灵感提供了丰富的来源。伴随国内文创热潮的涌起，2020 年 5 月 24 日，上海美术电影制片厂的设计者对"孙悟空"这一传统形象的创新利用，开启了服务业产品化的文创之路。

（1）上海美术电影制片厂以《大闹天宫》中孙悟空原型作为创意主体，将孙悟空的经典动作"反手搭凉棚"姿势与我国传统书法完美融合，对其厂标进行了全新的设计。同时，在新厂标的基础上，上海美术电影制片厂加入一系列文创设计，推出手链、Q 版公仔、钥匙扣挂件、创意儿童书包、手账本等，迎合当代年轻人的审美需求。

（2）上海美术电影制片厂与国内著名服装品牌合作，联袂打造"大闹天宫"系列文化创意服饰。该系列服饰以万籁鸣导演《大闹天宫》原稿的创作元素，以悟空精神作为灵感启发，汲取原画独树一帜的东方美感，结合现代设计元素进行艺术再创造，设计出更符合大众审美情趣的时尚单品。在该系列的服装设计中，齐天大圣独特属性的加入，使服装增添了更多装饰美感和趣味性。

资料来源：高沃知识产权. 老鼻祖的转型！"上美影"发布新厂标，教你 21 世纪 IP 新玩法 [EB/OL]. 2020 - 07 - 08 [2022 - 06 - 10]. https：//www. 163. com/dy/article/FH0NB 8NH051994QM. html.

（四）服务业创新的行业差异较为显著

据创新景气度问卷调查、第二次欧共体创新调查及第三次欧共体创新调查数据显示，不同行业的服务业企业创新密度存在较大差异。由于服务业细分行业较多，行业创新密度差异更为明显。总体来看，知识密集型服务业企业具有更高创新性，服务业企业知识密集度越

---

① 卜琰，余红剑. 我国服务型制造业的创新发展趋势与建议 [J]. 现代企业，2021，430 (7)：33 - 34.

高，企业创新水平越高。其中，商务服务业创新水平最高，创新密度高达60%；金融中介服务业其次，创新密度为50%；批发与零售业、交通与通信业创新水平较低，创新密度分别为40%、30%[①]。

（五）服务业创新以企业家精神为重要驱动力

企业家精神是指企业家将所拥有的生产资源用于开发新产品、寻求新市场机会的特殊才能，具有创新精神、合作精神、风险精神、学习精神、使命感与事业心等特质[②]。企业家作为创新发展的探索者、组织者、引领者，其创新精神作为一种意识和才能，是推动服务业企业创新发展的重要驱动力。企业家创新精神重视技术研发创新和人力资本投入，能有效调动员工创造力，努力把服务业企业打造成为强大的创新主体。企业家创新精神能够敏锐捕捉潜藏的服务业市场机遇，勇于推动服务业企业组织形式创新、管理创新、市场创新、商业模式创新，提高国内外市场开拓能力和风险防范能力，带动企业在更高水平的对外开放中实现更好发展，促进服务业国内国际双循环。企业家创新精神有助于带动社会成员创新意识提升，为服务业企业敢于创新、勇于创新树立良好榜样。

☞ **案例5**

从谷歌CEO佩奇身上探寻企业家精神

作为世界科技巨头谷歌公司的主要创始人之一，拉里·佩奇（Lawrence Edward Page）的创业经历生动地向我们诠释了什么是企业家精神，这种精神不断引领着谷歌的创新发展。

1998年9月4日，拉里·佩奇和谢尔盖·布林得到校友10万美金投资后在美国成立谷歌公司。1999年，佩奇通过各种方法寻找投资，最终得到了两名风险投资家2 500万美元的注入资金。2004年，谷歌在纳斯达克证券交易所上市，开启了服务业企业持续创新的征程。2007年，佩奇和其团队开发开源手机操作系统并命名为安卓（Android）。2012年4月，佩奇引领谷歌体验了革命性的创新，发布了谷歌眼镜，佩戴该眼镜通过声音控制拍照、视频通话、上网冲浪，处理文字信息和电子邮件等。佩奇带领谷歌持续创新，不断开发未来世界的科技，如无人汽车、高空风力发电。发展至今，该公司已成为全球最大的搜索引擎公司，业务涵盖互联网搜索、云计算、广告技术等，同时开发并提供了大量基于互联网的服务与产品。谷歌的成功很大程度上源于佩奇的创造力和创新精神，这种精神是带领谷歌持续发展壮大的主要动力源。

资料来源：网易财经综合.拉里·佩奇：谷歌造梦人［EB/OL］.2014-02-27［2022-06-10］.https://www.163.com/money/article/9M3AANFS00253G87.html.

---

① 李春成，和金生.当代服务业创新特征初探：基于四大创新调查的综述［J］.科学学与科学技术管理，2008（3）：64-68.

② 刘中艳，周欣怡.企业家精神对高技术服务业创新绩效的影响研究［J］.科技创业月刊，2021，34（12）：1-3.

三、服务业创新的四维度整合模型

服务业创新模式呈现多种化特点，大部分均不是某一要素单独作用，而是由多种要素综合作用产生。"服务创新四维度整合模型"由托马斯·赫托格和比尔德贝克等学者于1998年提出，包含新服务概念、新顾客界面、新服务传递系统和新技术四个关键维度，这四个维度并非孤立存在，通过一定协调发挥综合作用，实现服务业创新①（如图4-1所示）。

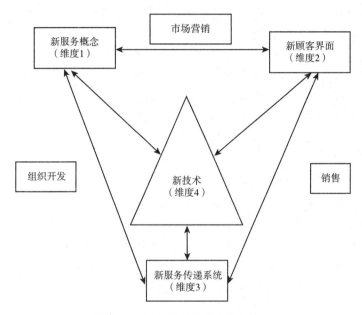

图4-1　服务创新四维度整合模型

服务业创新的四维度整合模型是以四个维度的联系和不同组合来实现服务业创新的。具体来说，一项新服务的产生首先是有新的服务概念的出现，在向新老顾客营销新概念服务时，还需要组织开发新的服务传递系统，使顾客能够及时获得新概念服务的相关信息，在这一过程中，从业人员的素质结构、组织形式和制度安排等显得尤为重要。最后在新技术的支持下，通过新顾客界面推出新的服务产品。当然，对于不同的服务业企业，各维度的重要性和关联性并不相同，这是由不同环境下企业自身的特性差异决定的。

（一）维度一：新服务概念

新服务概念是指服务创新中的"概念化创新"，即解决问题的新概念或新方法，根据服务对象需求、市场变化以及竞争者的行为，开发新的服务并改进原有服务。服务业中绝大多数创新具有高度无形性，新服务概念要求服务创新者对自身提供的新服务、竞争者提供的服务都有准确的认识，尤其要对创新性有清晰的把握。在新服务概念化过程中，新服务供给者

---

① 何德旭，夏杰长. 服务经济学［M］. 北京：中国社会科学出版社，2009：206-208.

应努力做到以下两点：第一，在新服务的提供上，新服务供给者应以客户需求为导向，根据其消费偏好和需求来提供新服务。第二，在新服务宣传上，充分借助互联网平台进行推广，例如微信公众号、微博粉丝互动、抖音、快手短视频平台等，使顾客对新概念服务有清楚的了解，实现在线营销。

（二）维度二：新顾客界面

新顾客界面主要指服务提供给顾客的新方式以及与新的顾客交流、合作的方式，通过交互作用熟悉顾客的特性。在四维度整合模型进行的服务业创新中，顾客界面逐渐成为关注重点，尤其在无形化服务产品的提供中，无形化服务提供者与客户间的信息交流和相互协作，已成为服务业企业创新的主要组成部分，特别是在一些同质化产品集中的行业①。例如，伴随网络直播购物兴起与发展，商家通过网络直播方式向顾客展示商品的特性和使用方法，并即时与现有顾客和潜在顾客进行商品信息、情感、售后服务等交流，通过双向实时互动，更好地倾听客户、拓展品牌体验，向顾客匠心传递有温度的服务。

（三）维度三：新服务传递系统

新服务传递系统是指生产和传递新服务产品的组织安排。新服务通常在企业的组织、管理和协调下产生，当市场环境、技术等变化需要服务业企业创新或重塑商业模式时，要求服务业企业内部的组织安排和从业人员的能力水平也必须能够适应服务创新发展的需要，因此企业必须有相应的组织安排、制度设计、业务培训等更新激励机制和服务网络对从业人员人力资本进行投资，帮助员工有效完成工作。同时应注重授权的重要性，一些特殊行业需要对从业人员充分授权来保证提供服务的创新度与灵活性。

（四）维度四：新技术

新技术是指服务过程中应用的新技术成果。对服务业企业而言，除了新组织形式和制度安排创新无须新技术参与外，其余大多数服务创新均离不开新技术的渗透与驱动。伴随新技术不断发展，服务创新的广度和深度不断拓宽。一方面，新技术通过重组服务业企业内部生产要素，建立服务体系、流程与标准，帮助企业突破服务效率瓶颈，有效提升服务输出与运营效率，降本增效同时激发企业内部创新潜力。另一方面，新技术的应用有助于迭代服务产出方式，创新服务提供路径，输出更多个性化、多样性的高质量服务。在提供垂直服务的同时，新技术赋能有助于建立多场景、不同需求的业务铺设，形成服务矩阵，推动企业从单品服务到综合性、关联领域的服务转变，从而提升服务综合体验。

四、服务业创新的分类

从某种意义上讲，任何一项服务业创新都是四维度整合模型的特定组合，即运用结构化

---

① 辛枫冬. 知识密集型服务企业服务创新能力的研究［J］. 宁夏社会科学，2010（2）：56－59.

方式对各要素进行描述分析。鉴于此，本书将结合服务业创新的四维度整合模型，对服务业创新进行分类。

（一）技术创新

技术创新（technological innovations）：是指引入现代先进技术产生的服务创新[①]。当前，主要采用以大数据、云计算、人工智能、虚拟现实技术等数字技术实现服务业的创新，包括开发技术性的服务新系统、服务新方法、服务新手段、服务新技术工艺、服务新产品等，特点是创新的结果多为有形产物，包括计算机应用芯片、软件和系统。

以数字技术为重要支撑的服务业技术创新呈现出以下四个特征：第一，创新主体虚拟化。创新生态系统中的主导者和参与者在线上实现交互，个体和组织两类创新主体之间的合作模式日显多样性、可塑性、虚拟化，给整个知识产权制度、创新伦理责任、成果共享制度带来全新挑战。第二，创新要素数字化。大数据、云计算、区块链、人工智能等技术正在改变人流、物流、知识流、资金流和信息流等，推动创新要素流动方向和流动速度发生革命性变化，为服务业企业创新提供全新的边界条件。第三，创新过程智能化。人机交互和深度学习正在改变创新过程，平台组织和网络组织的创新协同正在使线性创新成为过去，创新合作者之间的创意交互、流程重构、商业共创正在为服务业创新提供全新空间。第四，创新组织平台化。依靠虚拟现实技术，虚拟信息空间大量涌现。以双边平台、多边平台、生态社区、创新社群为代表的新型创新组织，充分显示出强大的创新生命力，从科层结构到网络结构，从封闭式创新到开放式创新，从计划性创新到涌现式创新，正在颠覆服务业创新组织形态[②]。

（二）产品创新

产品创新（production innovations）：是指服务业企业基于新的理论和技术开发出的符合市场需求的新服务产品，包括创新服务产品的功能、外观设计、呈现方式等。产品创新活动以满足市场需求为导向，通过技术创新活动，生产出符合消费者偏好的适销服务产品。

产品创新作为一项系统性工程，应对其有明确的战略部署，包括如何选择创新服务产品、服务产品创新模式、服务产品创新途径等。第一，选择创新服务产品。其关键在于确定目标对象的真正需求，开发出具备一定竞争优势、差异性或全新的服务产品，拓宽销售市场，获得更多利润。第二，创新服务产品模式。主要分为模仿创新和率先创新。模仿创新是指服务业企业对进入市场的服务产品进行一定改进和完善后推出的服务产品，率先创新则是指服务业企业通过自身的努力，创造和开发出的一款全新服务产品。第三，创新服务产品途径。主要分为内部研发和外部引进两种方式，内部研发意味着企业需要通过自身的力量研发新技术，开发新服务产品。外部引进是指企业通过购买、投资等方式获取新工艺、新技术的使用权，或者取得新服务产品的销售权。

---

① 张思磊，施建军. 企业技术创新评价体系：文献综述及概念框架 [J]. 科技进步与对策，2010，27（2）：157 - 160.

② 魏江，杨洋，杨佳铭. 数智时代营销战略理论重构的思考 [J]. 营销科学学报，2021，1（1）：114 - 126.

（三）市场创新

市场创新（market innovations）：是指通过采用新的营销方式、新的生产技术、开发新产品等手段来实现的以扩大产品市场为目标的创新。作为当代服务业企业运作中的重要一环，市场创新从某种程度上反映了一个企业的市场竞争力。

市场创新包括开拓新市场、创造市场新组合。其中，开拓新市场不仅指扩大服务产品销售的地域范围，也包括满足不同层次消费者的需求和欲望。创造市场新组合是指为建立更合理的市场结构和秩序，通过对已有市场进行的重新组合和调整，提高服务业企业的竞争优势和增值能力。

从更加具体的分类来看，市场创新也包括专门化创新，即针对某一顾客的特定问题提出解决方法的创新形式，这种创新形式在知识型服务业如咨询服务业中广泛存在。专门化创新是在"顾客—服务提供者"界面上被生产出来的，由顾客和服务提供者共同完成。

（四）模式创新

模式创新（development model innovations）：是指服务业企业在运营过程中，为维持自身生存和发展所进行的创新，该种创新主要发生在企业内部，是一种复杂的耦合过程，很大程度上受企业管理者的影响，为改善服务业企业现有组织形式和制度安排，企业管理者会优先从企业管理和组织结构上进行创新。

管理创新（management innovations）：是指服务业企业为促进自身发展，在其管理过程中做出的一系列重要改变，包括管理方法、管理理念、管理模式等方面的创新。在企业的管理创新活动中，人力资源、企业文化均发挥重要作用。人力资源方面，通过对企业员工开展职业培训和学习活动，有利于使其保持知识更新，提高员工素质和工作技能。企业文化则是企业发展的灵魂和不竭动力，加强企业文化建设，有助于激发员工的责任感和使命感，促进企业管理效率和质量的提高。

结构创新（recombination innovations）：是指通过将诸多服务要素，如知识、技术、产品、服务、人力资源、制度等重新组合而产生的创新。结构创新通过以下方式实现：第一，增加新的服务要素；第二，对现有服务要素进行重新组合；第三，对已有服务要素进行分解。结构创新可能发生在产业水平上，即若干最初独立的服务部门相互关联和集结形成一个系统化的创新体，如由超级市场、保险公司、银行和咨询服务等形成的系统就是产业层次上的创新体。

第三节　服务业创新的必要性

一、助力制造业转型升级的有力保障

伴随数字技术革命、产业变革，服务业对制造业转型升级的带动作用愈发明显。加快服

第四章 服务业的创新发展

务业的创新发展，将有助于促进制造业转型升级，进一步提高制造业的核心竞争力。第一，服务业创新成果应用于制造业企业。伴随经济的飞速发展和社会进步，服务作为重要的元素被制造业企业广泛应用于生产中。例如，在软件服务业，其应用软件和数据库的优化升级，很大程度上影响着制造业的精细管理与效能提升，进而对制造业转型升级起到重要推动作用。第二，服务作为生产要素融入制造业企业生产过程。战略咨询、设计、研发、文化创意、工业互联网、金融、物流和供应链、云计算、系统整体解决方案等服务，以生产要素形式注入制造业，助力制造业企业降本增效，进而提升制造业企业的创新发展能力和产业竞争力，实现制造业真实意义上的高质量发展。

二、提升服务业全球竞争力的必然要求

加快服务业创新发展，有助于提升我国服务业参与国际经济循环的结构和层次，提升我国服务业全球竞争力。第一，有助于推动我国服务贸易跨越式发展。根据经合组织研究报告，当前全球贸易增加值的52%来自于全球价值链（GVC）服务贸易活动创造的价值，该比例在美国、英国、法国则更高，服务贸易已成为决定一国参与全球价值链中分工地位高低的关键因素[①]。加快服务业的创新发展，有助于提高我国在国际经济合作中的分工地位，促进我国服务业向全球价值链高端攀升。第二，有助于增强我国服务业企业的国际化经营能力。加快服务业的创新发展，培育一批服务全球、在国际上具有引领作用的旗舰服务业企业，一批细分市场领军服务业企业，形成一批信誉度高、具有自主知识产权的服务品牌，增强我国服务业企业的国际化经营能力。第三，有助于优化我国服务业内部结构。加快服务业的创新发展，提高知识密集型服务业占比，优化我国服务业结构。

☞ **案例6**

抖音国际版（TikTok）通过创新实现国际竞争力跃升

2016年9月，张一鸣和其团队开发了一款视频共享平台——抖音，抖音一经上线便受到了广大网友的喜爱，目前已成为我国最大的短视频和直播平台。抖音积极开拓创新，于2017年5月推出抖音国际版，并在短短两年内迅速占领海外市场。2020年，抖音国际版成为全球收入最高的非游戏应用程序，2021年则成功突破30亿次用户安装的里程碑，成为除脸书（Facebook）外首次达成这一成就的国际应用软件。

（1）作为抖音国际版，抖音国际版并没有单纯粘贴复制国内的抖音短视频运营模式，而是针对各个国家和地区不同的特色与文化，制定不同的营销创新策略。

（2）与其他视频软件不同，抖音国际版创新出一套强大的算法系统。抖音国际版系统的智能算法会智能选择可能对该视频感兴趣的人群或潜在粉丝，智能系统也会根据视频的内

---

① 黄繁华. 发展服务贸易赋能新发展格局［J］. 人民论坛，2021（20）：82 – 86.

容投放给相似爱好的用户。抖音国际版通过标签分发模式，用标签来对抖音用户进行画像进而分发不同内容。

（3）在页面设计上，抖音国际版坚持简单回归，其导航灵活而简单。内容占据了整个屏幕，次要内容如作者名字、简介、音乐和反馈图标（如分享、评论）都很好地放置在拇指访问区域。

资料来源：史安斌，梁蕊洁．传统媒体的TikTok化：概念建构与实践探索［J］．青年记者，2023（15）：92-96.

三、提供更高质量就业的有效途径

加快服务业创新发展，有助于扩大高质量服务需求，提升就业供给端质量。第一，服务业创新发展推动产生新的服务业态，产生新的就业机会。大数据、云计算、物联网的服务应用和信息、技术等创新要素的充分应用，衍生出了线上线下（O2O）、短视频电商、直播电商等新服务业态，涌现出更多新职业、新岗位需求。服务业创新对其他产业产生关联影响，进一步提高制造业对高素质人力资本的需求，从而产生了更多高质量就业岗位。第二，服务业创新要求从业者不断提升职业能力与职业素养，有效促进高质量就业。一大批线下服务业企业运用互联网技术持续创新发展，衍生出了如跨境电商、直播电商等诸多新型服务方式，新的服务方式要求从业者不断通过学习与培训提高自身职业素养，从而适应服务业企业创新需求。

☞ **案例7**

跨境电商创新带动高质量就业

伴随我国跨境电商商业模式的不断创新和跨境电商规模的快速扩大，跨境电商企业对高素质人才的需求逐步增加，尤其是对兼具国际贸易和电子商务特征的跨境电商复合型人才需求递增，跨境电商已成为促进就业的新动力。据统计，2020年中国跨境电商零售进口规模已突破1 000亿元，带动就业超300万人。

如湖北省武汉市硚口区积极探索"基地＋楼宇＋园区"特色模式，建立武汉跨境电商产业园，吸引大批优质的跨境电商企业和服务商入驻。充分发挥武汉"大学之城"的优势，联合湖北省内的20余所高校开展产学研合作，通过共建跨境电商校内运营中心、实践班、特色班的形式培养出一大批兼具跨境电商领域专业知识和实操技能的专业型人才。通过创新打造"传统市场跨境电商平台外贸服务商"的汉正街跨境电商新模式，辐射带动全省大学生群体等各类社会群体180多万人就业，被国家列为全国创新创业带动就业示范典型。

资料来源：吕映雪．"965"在行动 硚口区被列为全国创业带动就业示范典型［N/OL］．长江日报，2021-09-14［2022-07-10］．https：//www.sohu.com/a/490056171_121106908.

第四节　服务业创新的实现路径

一、数字化赋能服务业创新

（一）以数字化思维重构提供服务产品的逻辑和链条，实现服务产品创新

在新消费时代，企业需要由生产驱动转变为以消费者价值创造为驱动，运用不断更新的技术精准洞悉消费者心理和行为，研发、设计生产消费者真正需要的服务产品。例如，在洞察和研发阶段，可以通过技术分析评判各类消费群体的个性特征与兴趣爱好。在采购和生产阶段，基于互联网和云计算平台打通消费端与供应端的数据，通过柔性化生产以满足消费者的个性化定制。在营销阶段，利用大数据整合各类可触达消费者的渠道资源，利用移动社交媒体与用户有效沟通。在复盘阶段，利用大数据技术对营销效果和消费者动态进行监测追踪，优化营销策略，实现精准营销。

（二）以数字技术为手段，不断创新管理手段与方法，提升服务业企业的经营管理效能

积极树立数字化管理理念，加强数字技术在管理中的应用，通过建设技术支撑的数据中台，利用大数据技术对企业内外部海量数据进行采集、计算、存储，并使用统一的数据规范进行管理。导入区块链技术，运用智能合约对双方的信用关系进行技术约束，运用大数据、物联网等对合作伙伴的风险状态进行实时监控，从而构建具有前瞻性的风险预警系统，采取预防性风险控制措施。

二、新模式助力服务业创新

以"互联网＋"为代表的新模式对服务业企业全面渗透，并作为最基本要素和重要支撑，对服务业创新产生全方位影响[①]。

（一）新模式助力服务产品创新

当前，网络直播发展迅速，直播带货作为一种新型消费方式，改变了传统信息的传输方式，以更有力的视频传播途径实时传播服务产品。与消费者的实时互动显著降低了信息不对称，通过直接获取消费者需求信息，为促进服务业企业在服务产品上进行定制化创新提供信息与数据支持。

---

① 佚名．"互联网＋"是服务业新引擎［N/OL］．浙江日报，2015－09－14［2022－07－10］．https：//finance. china. com. cn/roll/20150914/3339716. shtml.

（二）新模式助力服务管理创新

服务业企业充分利用大数据、移动互联网、云计算等新一代信息技术和平台，实现服务业企业管理的多元化链接，通过服务业企业内部管理链接、服务与产品链接、服务与客户链接等，找出管理难点、经营痛点，优化调整服务业企业现有管理结构中存在的问题，通过管理制度标准化、工作透明化、服务敏捷化，做到管理更可控、决策更科学、执行更到位，显著提升服务业企业管理实效性。

（三）新模式助力服务营销方式创新

伴随互联网的发展，微信营销、微博营销、搜索引擎营销等多种营销方式层出不穷，推动服务业企业不断创新营销方式。服务业企业必须顺应顾客需求，创新营销模式与营销信息来提高顾客兴趣，并通过收集浏览消费者互联网数据、提取消费者需求信息、向消费者定向实现个性化与排他性营销。消费者也可通过新型网络营销平台与服务业企业进行双向互动，反馈自己的消费体验与服务需求，推动服务业企业进一步创新。

三、文化价值引领服务业创新

（一）文化元素通过与服务产品的造型设计融合，助力服务业企业创新

将我国传统文化元素中的形象直接或间接融入服务产品的设计，天然朴实、优美典雅的设计形式有助于将服务产品的人文内涵和韵味生动表现出来，实现服务产品的造型创新。例如，户外家具设计品牌德顿（Dedon）在产品设计的过程中，将太极图的形象直接应用其中，实现了产品创新。

（二）文化元素通过与服务产品的意向设计融合，推动服务业企业创新

我国传统文化中包含了丰富的意向文化，通过将中华传统文化元素中所含有的内在思想文化融入服务产品之中，使服务产品呈现出一定的文化寓意，引领服务业企业创新。

第五章 服务业的产业融合与发展

第一节 服务业的产业融合：基本范畴与分析框架

一、服务业产业融合的基本范畴

服务业的产业融合指的是服务与工业、农业及服务业内部不同行业之间边界模糊化，并在各自的边界处融合成不同于原有各产业（行业）的新型产业业态的过程。其中，服务业与工业、农业之间发生的融合称为服务业的产业外融合或服务业跨产业融合；服务业内部各行业之间发生的融合称为服务业的产业内融合。服务业的产业融合内涵可以用图 5-1 来表示。

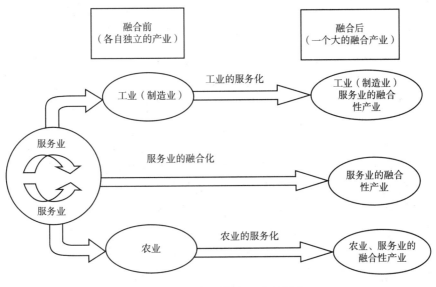

图 5-1 服务业的产业融合内涵

（一）服务业的产业外融合

服务业的产业外融合又可进一步分为：（1）服务业与制造业的融合，即服务业与制造业之间的边界模糊化出现兼具制造业和服务业特征的新型产业业态的过程。这一类融合的产生是由制造业和服务业两者的相互渗透而引起的，既有服务业向制造业渗透，使两者发生融合后，制造业的服务功能越来越突出而出现被称为"制造业的服务化"（servitization）或"第三产业"（tertiarization）的现象，也有制造业向服务业渗透而使服务业在生产方式、市场推广服务产品的标准化等方面越来越像制造业而出现被称为"服务业的工业化"（industrization）或"服务业的制造化"（manufacturization）的现象。（2）服务业与农业的融合，即服务业与农业之间的边界模糊化出现兼具农业和服务业特征的新型产业业态的过程，这种融合表现为服务业向农业的渗透和扩散，并改变传统的农业特征而具有服务业的部分特征，因此，又被称为农业的服务化。

（二）服务业的产业内融合

服务业的产业内融合是指服务产业内部行业间的边界模糊化，出现兼具多个行业特征的新型服务业业态的过程。这种融合主要现为不同服务行业间的相互渗透和交叉，从而使得融合后的产业兼具服务业的特征，与原有服务业间形成了既替代又互补的关系，这种融合又可称为"服务业的融合化"。其中最为典型的是电信服务业、有线电视服务业与计算机服务业通过三网融合而成的互联网服务业，兼有大产业的特性。

二、服务业的产业融合机理分析

（一）服务业产业融合的内在机理：服务业的产品特性与服务业的产业融合

服务产品的非实物特性为服务业的产品融合提供了基础性条件。由于服务产品具有非实物性——既不占据空间也不具有质量，这就决定了服务产品具有一定程度的叠加性，既可以叠加在实物产品上，不同的服务产品也可以在同一空间进行叠加，通过这种叠加，可实现服务产品与实物产品以及服务产品之间的一种融合。

服务产品生产、交换与消费的同时性为服务业的产业融合提供了根本性的动力条件。服务产品生产、交换与消费的同时性客观上要求服务产品的即时供给能力与服务产品的即时消费量相匹配。如何提高服务设施的利用率，又不影响服务产品的质量便成了服务企业管理的难点，除了某些能调节局部供求矛盾的管理措施外，走融合化发展之路便成为一些服务业发展的根本性战略选择。通过产业融合，可根本上解决单一服务产品的局部供求不平衡所带来的服务生产率不高的问题，同时也可充分发挥服务产品生产和消费的同一性所带来的整个社会资源的有效配置。

服务产品的非贮存性为服务业的产业外融合提供了动力条件。对一些服务业来说，要想获得规模经济、提高资源的综合生产率，通过服务产品的实物化来增强服务产品的间接贮存性，是扩大服务业生产规模的一个较好选择。而一些作用于人类思想的服务产品如教育、娱乐技术服务等可以叠加在一些实物产品如录像带、光盘、纸张等媒介上，通过服务产品实物化来实现服务产品与实物产品的融合，达到间接贮存服务产品，提高这些服务业的综合生产率的目的。

服务产品的非转移性为一些服务业的产业内融合提供动力条件。服务产品的非转移性使得一些服务业尤其是那些需要消费者全程参与的服务容易受到市场直接的地理区域限制，影响其有效经营的规模及获得规模经济的机会。通过服务产品之间的叠加为消费者提供"一站式服务"来实现服务产业融合，可以克服有限市场的限制获取范围经济，推动某些服务业的发展。

（二）服务业产业融合的外部激活因素：技术和制度条件

服务业内在的产业特性决定了其更容易走向融合化的发展道路。但其不会自发地走向融合，而是需要相应的外部因素的激活。这些外部的激活因素既有技术方面的创新也有源自于政府管制政策和企业商业战略方面的制度创新。

1. 技术创新。信息革命带来的一系列信息技术的激活使原来基于不同技术边界彼此分立的服务产业，得以在技术融合的平台上，通过管理、组织、业务的融合，实现产品的融合以致产业之间的融合，其中最突出的是数字技术。数字技术的发展使得其服务内容无论是视频、音频和文本还是金融数据，一切可转换为电子信号编码为 0 和 1 的服务业，其传输平台无论是模拟网络还是数字网络，都能基于互联网传输平台而实现融合，这类服务业主要包括知识密集型和交易密集型的服务业，涉及服务业中的大部分行业，如通信业、传媒业、金融业、信息服务业、教育业、卫生保健业、文化娱乐业和商业等。

2. 制度创新——政府管制放松。长期以来，一些传统上被认为是自然垄断的产业，以及能源、金融业等特殊产业一直受到各国政府的经济性管制，构筑起了这些产业之间森严的进入壁垒，从而强化了这些产业之间的边界。20 世纪 80 年代以来，在西方发达国家开始的自由主义经济思潮的主导下，纷纷放松政府管制政策，成为这些行业开始实现融合的激发因素。如金融业中原来银行和保险业受政府管制是彼此分立的，放松管制后，这两大行业开始彼此进入走上融合化发展之路。

3. 企业管理创新。对于一些产业来说，当技术和政府管制政策不再固化其边界时，企业自身能否把握机会，进行相应的战略调整，在组织、管理、经营等方面实行管理创新，以适应产业融合发展的要求，最终决定了产业融合是否能真正实现。对于一些不存在技术和政策化其边界的一些产业来说，企业有效的管理创新就能推进产业融合的发生。但是，企业的这类管理创新往往源于市场需求偏好的改变，以及竞争态势的变化，如大量制造业企业为了满足消费者的个性化需求及整体解决方案的需求，开始实施"服务战略"，推行柔性化的管理创新，价值链的重心向上游或下游环节转移，以在满足消费者需求的同时，开创新的利润源泉，从而推动了服务业和制造业的融合；一些服务业企业为了提供个性化服务和满足顾客"一站式"购买的需求，纷纷实行"服务捆绑"战略，并相应地进行一系列服务流程再造、虚拟企业、电子商社、战略协同等管理模式的创新，推动服务业内部行业的融合。

三、服务业产业融合的实现机制：价值链解构与重构

服务业产业融合的过程，实际上就是融合型新产业价值链形成的过程，也就是原有产业价值链的解构与重构的过程。在这一过程中，新的产业价值链综合了原来产业的价值链的优

势，具有更丰富的内涵和更多样的价值增值环节，因而具有更强大的竞争优势，代表了产业的发展方向。

（一）服务业产业融合的方式

服务业产业融合的方式可以分为产业渗透、产业延伸和产业重组三类。一般而言，服务业的产业外融合往往是采取产业渗透或产业延伸的方式，即通过服务业与制造业、服务业与农业之间的功能互补和延伸来实现服务业的产业外融合；而服务业的产业内融合则多是采取产业重组的方式，即通过服务业内不同产业之间的功能互补或相互替代来实现的。从价值链的角度来看，这三类融合方式表现出各自的特点。

1. 服务业的产业渗透融合。这种方式主要表现为服务业相关产业的价值链全方位地渗透到制造业、农业，或者是服务业内部产业之间的相互渗透，从而制造业和服务业、农业和服务业，以及服务业内部之间融合成不分彼此的新型产业体系。

2. 服务业的产业延伸融合。这种方式主要表现为服务产业向第一产业或第二产业的延伸，通过强化或附加原有产业的功能来实现服务业产业外融合。这种融合方式又可以根据融合过程主导力的不同分为两种：一是制造业或农业主导的产业延伸融合，制造业或农业企业将其价值链向相关的服务环节延伸，从而使其在产业的边界处与服务业发生延伸融合，通过制造业的服务化或农业的服务化形成具有双产业属性的新型融合型产业。二是服务业主导的产业融合，服务业企业将其价值链向不同的制造生产环节扩展，在其边界处分别与制造业或农业发生延伸融合，通过服务业的制造化或农业化，形成了兼有服务业和制造业，或服务业和农业双重特征的新型融合型产业。

3. 服务业的产业重组融合。主要是采取产业重组的方式，通过产业价值链条的重新整合，形成新的价值通道，构筑出新型的融合型服务产业。这种融合方式主要是通过解散不同服务产业的价值链形成一种混沌状态的价值链条网，然后将各价值链的核心增值阶段摘出来，构建一条新的价值链，这条新的价值链包含原来不同产业的核心价值创造活动，从而形成新的融合型产业兼具原来产业的特征。

（二）服务业产业融合的过程：价值链的解构与重构

从价值链的角度来看，服务业发生产业融合的过程实质上是价值链重构的过程。不同的服务业融合类型，发生产业融合的过程不尽相同。但总体来说，都会经历以下过程：

1. 价值链的解构。产业融合意味着原有产业价值链的分解和新的融合型产业价值链的形成。对于服务业的产业融合来说，无论是服务业的产业外融合还是服务业的产业内融合，当需求方或供给方要素驱动融合发生时，首先都会引起相关产业传统价值链的解散，但是解散的程度因融合方式的不同而有差异。以服务业渗透方式发生的融合由于是以相关服务业价值链的全方位渗透、嵌入到原有的制造业或农业的价值链中，因此，相对而言原有产业的价值链分解的程度低一些；服务业延伸方式发生的融合，由于是通过服务业价值链的延伸来实现的，原有的制造业或农业价值链的各价值创造活动基本都保留，但相关服务业的价值链则需分解，因此，较之于前一种方式，这一融合方式的产业价值链分解程度稍高一些；而以产业重组的方式发生的融合，由于发生融合的各相关服务业价值链上的各价值创造活动都须一一分解。因此，以这种方式融合的原产业价值链的分解程度最高。

2. 价值链的截取与整合。在产业融合的过程中，原有产业的价值链首先断裂分解为一截一截的价值链条环节或价值活动单位形成混沌的价值活动网络；然后，通过市场选择将参与融合产业中的某些最优或核心环节进行截取，并把它们按照一定的联系进行价值系统重构，整合成新的价值链，在产业融合的过程中创造出新的价值。此外，价值链的分解不是目的，是为了更好地进行融合后新产业价值链的重组，重组的目标也不仅仅在于改变原有产业产品和服务的潜在需求而为了将原有产业的价值链要素结合成具有互补性的价值增值环节，以创造出更大的融合价值。

对于服务业的产业融合过程来说，不同融合方式下的价值链截取和融合的过程也不尽相同。

首先，服务业渗透或延伸方式下融合过程中的价值链截取与融合。如前所述，服务业产业外融合主要是通过服务业价值链向服务业以外的制造业（或农业）的渗透或延伸来实现的，因而服务业的产业外融合也可称为"制造业（或农业）的服务化"过程。这一服务化过程意味着原来以实物产品的生产作为价值链重心的传统制造（或农业）企业必须重新审视以往的价值链，从顾客的角度重构价值链。这就需要为顾客提供多种使用、维护产品时的服务。因此，价值链的重心必须发生转移，转移到能带来更多利润的服务环节。当融合发生时，传统制造业（或农业）企业的价值链中包含的自我服务活动如信息管理、研究开发、设计策划、融资理财、综合计划、市场推广、售后服务等这些环节从原有制造业企业的价值链分离出来，并跟相关服务业企业的价值链环节相重合，所有这些环节可能都被截取出来整合到新的融合产业的价值链里。

其次，服务业重组方式下融合过程中的价值链截取与整合。服务业重组融合过程中，原来彼此独立的服务业，其价值链被分解为一个一个价值活动单位后，其中一些价值活动单位被截取，重新合为一条新的价值链。但是在价值链的重构过程中，并非原有产业价值链的所有环节均被截取进而简单地融合到新的产业里，而必须根据现有产业特性及未来融合产业的潜在市场需求，截取原有产业的核心价值增值环节来进行重组。

由于这条新价值链融合了原有服务业的核心价值增值环节，使得原有服务业的核心能力和服务体系得以转移到新的融合型产业从而原来各自分散提供给顾客的服务得以融合成高效的有机服务系统并为顾客提供一体化的解决方案。而且在价值链的这一整合过程中，$1+1>2$的融合效应，不但使参与融合的企业强化其在原有市场的地位，还会使其在新的融合型市场确立其战略地位。因此，在融合时代，服务企业新的核心战略是把以前独立的相关服务业价值链的核心价值增值环节整合成一条价值链。

第二节　生产性服务业与制造业融合发展

制造业使用生产性服务业的程度，主要依赖于以下三个方面：第一，制造业企业提升效率、降低成本和增强竞争力的压力，这主要取决于面临的国内和国外的竞争程度；第二，生产性服务业的可获得性，这主要取决于经济发展过程中服务业的发展程度；第三，相对于内部生产，外包服务业相对价格的便宜程度，这主要取决于服务性企业的生产规模以及工人工资等其他因素。因此，我们需要分析制造业在使用服务业中间投入后促使其效率提高的机理。

一、生产性服务业促进制造业成本降低

企业利润最大化也意味着成本的最小化。作为高级生产要素，服务业不仅降低了制造业的生产成本，也降低了交易成本，从而对制造业效率的提高和竞争力的增强有着明显促进作用。汉森（Hansen，1990）指出，在柔性的知识技术主导型生产体系中，服务业无论是作为制造业内部的某个部门，还是独立的企业，在扩展劳动分工、降低制造业成本、提高劳动生产率等方面，都发挥着关键作用。格拉斯梅尔·霍兰德（Glasmeier Howland，1994）也发现，一个地区内生产性服务业的发展提高了该地区其他产业的竞争力。其中的作用机理主要源自以下三个方面。

机理1：制造业企业内部制造环节和服务环节的分离降低了企业的固定成本，并有助于形成企业核心竞争力。

激烈的全球经济竞争使得跨国企业需要按照比较利益原则，仅在国内而且更重要的是在全球范围内进行产业的战略配置。因此，"外包"成为全球化时代世界平坦化的主要特征和重要推动力。外包和产业的战略配置相结合，从全球价值链的分析框架来看，主要体现为两个方面：第一，制造业企业通常专注于基于核心技术的制造业务和部门研发、营销等服务活动，而将其非核心的服务环节，如法律服务、金融服务等外包给专业性的服务型企业，从而使得这些服务环节逐步从制造业企业中分离出来。其中主要原因在于服务环节的装置成本（set-up cost）相对较高，将这些本身不太擅长经营且平时不太经常使用的服务环节外包，交给专业化的服务公司来提供，可以将企业的这些固定成本转化为可变成本，从而降低企业的成本，提高企业的效率。而制造业企业生产过程复杂程度的提高及新技术的运用程度提高，也需要相互之间增进协调，进而提高制造业企业的服务内容。第二，某些制造业企业开始专注于产业链中创造价值的高端活动，把与技术活动和市场活动等有关的服务业务牢牢抓在手中，而把缺乏比较优势的制造活动转移出去（刘志彪，2006），从而使自己逐步成为从事服务增值为主的专业化服务厂商。这种情况是制造业企业升级的极端形式，企业成功实现了转型，从制造业企业升级为服务型企业。目前，在某些高技术的产业中，为了控制技术的泄露，或专注于系统的集成，或集中精力做深做精产品，服务业企业也开始把某些服务过程外包，从而深化了专业分工。

亚伯拉罕和泰勒（Abraham and Taylor，1996）认为，更多的企业也更愿意通过外部市场来购买专业化的生产性服务，而不愿意进行内部自我提供，其主要原因在于外购可以节约劳动力成本并使得服务业能进行专业化生产。

机理2：社会化的专业分工有助于形成规模经济，并且在生产关联度上形成制造业和服

务业的互动。

　　随着专业化分工的加剧，服务业的规模不断扩大，从而逐步从制造业中分离出来形成新的部门。制造业的发展对服务的需求不断增加，形成了巨大的市场，而市场容量的扩大使专业化分工进一步加剧，并逐步脱离制造业而形成单独的产业，导致服务部门的快速扩张。专业化分工也有利于形成规模经济，进而提高服务自身的效率，促进经济的增长。到21世纪初，世界主要发达国家，如美国、日本和英国等，服务业增加值占GDP比重以及服务业就业占全部就业的比重，大多已经超过70%。不仅如此，发展中国家的服务业也逐渐发展，如印度，在不断融入全球化的进程中，以软件业为代表的服务业得到了迅速发展。服务环节从制造环节的不断分离，使作为中间要素投入的服务业不断发展，从整个经济运行来看，社会的专业化分工更细，使规模经济变得可能。服务业需要大量的初期投资，而一旦投资以后，边际成本则相对较低，在这些领域，规模经济效应显著。可编码的、标准化的服务活动随着规模扩大而成本不断降低，本身降低了制造业的中间投入的成本，一定程度上提高了制造业的效率。服务环节是制造环节价值实现的关键，现代经济增长的本质是由服务业主导的增长过程。从动态角度分析价值链，我们发现，越来越多的价值链的增值空间开始向其两端的服务环节集中，而作为中间环节的加工组装等生产环节的增值空间日益萎缩，越来越受制于位于高端的服务业环节。作为制造业的中间投入，生产性服务业所内含的知识资本、技术资本和人力资本，可以大幅度地提高制造业的附加值和国际竞争力。生产性服务有两个特点：知识密集型和差异化（Markusen，1989）。知识的获取需要大量的初始投资，而一旦投资以后，边际成本则相对较少。因此在这些领域，规模经济发挥着很大作用。这样，有能力使其产品差别程度增加的企业拥有较强的市场实力，从而使服务业处于垄断竞争的市场格局。生产性服务业所呈现出的这种市场结构特性，与当代处于寡头市场的制造业相互融合，无论是在产出的能力和技术水平方面，还是在控制市场的能力和价格增加值的幅度方面，都有别于传统制造业的增长模式。此外，汉森（1990）也指出，在柔性的知识技术主导型生产体系中，生产性服务业和制造业相互融合，无论是作为制造业内部的某个部门，还是独立的企业，在扩展劳动分工、提高劳动生产率以及人均收入方面，都发挥着关键作用。作为制造业的高级要素投入，高质量的技术服务嵌入制造业的生产环节，通过技能的提升降低了制造业的生产成本，从而有利于制造业产业升级。

　　机理3：服务业与制造业地理上的"客户—供应商"关系，一定程度上降低了制造业的交易成本。

　　一般来说，制造业和服务业在空间分布上具有协同定位效应。安德森（Anderson，2004）指出，生产性服务分布是制造业分布的函数；反之，制造业分布也是生产性服务分布的函数。这种联动效应主要基于两者之间的"客户—供应商"体系，即制造业需要在较近的空间距离中充分利用生产性服务的投入。拉弗和鲁尔（Raff and Ruhr，2001）基于FDI对制造业和生产性服务业的空间分布做了研究。他们通过构建一个模型，说明了生产性服务业的FDI具有明显追随下游制造业的FDI的倾向，然后运用美国1976～1995年在25个东道国投资的面板数据，检验了相关假设，经验分析结果表明，生产性服务业的FDI通常都追随制造业的FDI。格拉斯梅尔·霍兰德（1994）也发现，一个地区生产性服务业的发展提高了该地区其他产业的竞争力。国内学者则分析了制造业和生产性服务业之间协同定位的原因。江静和刘志彪（2006）基于商务成本的构成，即要素成本和交易成本之间的关系进行了阐述。他们的研究表明，在一定区域内，随着商务成本提高，对交易成本较敏感的生产性服务业主要集中在中心城市，而对要素敏感的制造业分布在中心城市外围地区，形成区域内生产性服务业和制造业的协同定位效应。拉弗等（2001）的研究也表明，生产性服务的多样性降低了东道国的制造业成本，使当地的投资环境更有吸引力，从而使制造业的 FDI 也相应增加。刘志彪（2006）指出，脱胎于制造业母体的现代生产性服务业，可以降低服务业投入成本和提高投入品质，并且有利于制造业专业化和精细化。顾乃华等（2006）基于面板数据进行了经验分析，指出发展生产性服务业有利于提升制造业的竞争力，市场化程度越高的地区（如中国东部地区），生产性服务与制造业的互动关系越突出，那些企业无法自身提供的生产性服务（如金融服务）对制造业竞争力提升的作用更为明显。生产性服务的专业化通过干中学效应和规模经济效应获得更高效率，这也是促使生产性服务业从制造业中分离出来的主要原因。

二、生产性服务业与制造业融合发展理论分析

生产性服务业与制造业之间有着密切关系，主要表现为：

1. 生产性服务业以制造业为基础并且不断从制造业中分离出来。制造业是生产性服务业的"生身父母"，后者独立出来以后，在市场需求的推动下，其服务业环节进一步分化，细化为独立的服务行业，并不断地呈现规模化发展趋势。需要指出的是，生产性服务业以制造业为基础，并不意味着一个国家（尤其是大国经济）的某个地区一定要先发展起强大的制造业，然后才能发展服务业。一个国家可以以地区间的专业化协作和分工解决这种生产力配置问题。

2. 作为知识性投入，生产性服务业规范着制造业技术水平、竞争力和效率。在"微笑曲线"中，生产性服务业作为高端的知识性投入，规范着生产过程的技术水平和国际竞争力，以全球价值链高端治理者的角色，控制加工—制造—装配—生产过程，并由此决定价值链贸易的收益分配，获取高端收益。因此，所谓的产业升级或攀升价值链高峰，就是要向其两端不断地升级。

3. 在空间上，生产性服务业与制造业具有协同定位的趋势。制造业中心往往有特大城市集聚的服务业作为支撑。生产性服务业的中间投入性、面对面服务的质量要求、降低服务成本等因素，驱动企业选择协同定位。引力模型可作为描述两者协同定位的方法之一。

4. 高级生产性服务业（APS）的 FDI 具有追随本国下游制造业 FDI 的倾向。APS 需要频繁地与所要服务的客户交流，难以直接出口，所以服务贸易往往是通过 FDI 实现的。服务业跨国企业很难在初始阶段就吸引到东道国本地客户而本国的制造业 FDI 企业可能已经熟悉其服务，信息、文化等障碍的存在，使外国客户购买服务前很难评估其服务质量，即生产性服务业是经验产品而不是视察性产品，容易产生道德风险。故本地客户一般倾向于购买他们所熟悉的服务提供商所提供的服务；反之从 FDI 投资国出来的制造商，也会倾向于选择来自

本国服务业 FDI 企业的服务。

我们重点考察制造业对生产性服务业的影响问题。严格说，这种影响是通过需求拉动来实现的。制造业发展增加了对生产性服务业的市场需求，从而拉动生产性服务业发展。这主要可以从生产性服务业规模的扩大以及服务质量效率的提高这两个方面来体现。

第一，制造业发展带来的需求扩大了生产性服务业发展的规模。在工业化早期，由于制造业本身规模较小，因此无法形成对生产性服务业的较大需求，外部服务提供商缺乏生存空间。因此，在这种情况下，大多数企业都倾向于自我服务，即普遍追寻"大而全、小而全"的发展模式，尤其是一些市场经济不发达的国家，通过构建企业集团来实现管理总部为其内部企业提供所需要的服务，如融资、管理咨询、法律等。因此，生产性服务业往往隐含在制造企业内部。在这种情况下，不仅生产性服务被明显低估，而且也会使外部小规模服务提供商缺乏市场和竞争力，从而无法形成专业的服务市场。随着制造业发展水平的提高，生产性服务业的市场空间越来越大，市场容量扩大使专业化分工进一步加剧，并逐步脱离制造业而形成独立的产业。巴格瓦提（Bhagwati，1984）发现，生产过程在国内和国际都在不断地分化，因此原来在制造业内部的生产性服务业正在逐渐分离出来，从而导致生产性服务业比重不断增加。更重要的原因是制造业的结构转型，从而使得生产过程中对中间性服务性投入的需求也越来越多。他进一步指出，信息技术和通信业的发展在这种分化中起着重要的作用。此后更多的研究（Francois，1990；Rowthorn and Ramaswamy，1999；Klodt，2000）也支持了他们的结论，认为制造业作为生产性服务业发展的中间需求对生产性服务业发展起着非常重要的作用。

第二，制造业产业特性差异以及竞争力提升的内在要求也有助于提高服务质量和服务效率。古尔瑞里和梅里西亚尼（Guerrieri and Meliciani，2005）指出，不同的制造业特性对生产性服务业的要求也具有较大的差异性。他们的研究认为，一些技术密集型和知识密集型的制造业企业，如计算机通信、电子设备、化学工业和医药制造业等，对生产性服务业的需求更多，尤其是金融保险和商务服务等；而另外一些劳动密集型制造业，则对服务的需求相对较少。这也就意味着，随着制造业技术水平的不断提高，对于高端服务的需求也日益增加，从而为高端服务提供了更多的市场，因而有助于服务提供企业提高服务量和水平；而一些劳动密集型企业，随着市场竞争程度的增加，也需要在全球价值链中提升其国际竞争力，因而也需要增加高级要素投入来提高其生产率，这也促进了生产性服务业整体水平的提高。整个经济的运行也为服务产品质量提高和效率提升奠定了基础。制造业的发展使社会专业化分工更细，使规模经济变得可能。可编码的、标准化的服务活动使规模扩大成本不断降低，因此生产性服务业自身的效率也得到了极大的提高。

第三节　生产性服务业发展政策建议

由于生产性服务业对其他产业尤其是制造业的发展起着融合促进的作用，其发展缓慢对于整个经济持续、健康、快速、稳定发展的影响无疑是深远和多重的。如何借鉴其他国家和地区的经验，制定适合我国国情的生产性服务业发展政策，已成为一项十分紧迫的任务。

一、树立新的生产性服务业发展观

加快生产性服务业的发展，首先要从思想上彻底摒弃传统的旧观念，牢固树立生产性服务业是经济增长点与高知识含量产业的观念，积极促进生产性服务业的发展。

要让社会认识到生产性服务业具有更多的信息化、技术化、资本化的现代服务业特征，可以创造更高的生产效率，促进经济更快更好的发展。而且，政府尤其要重视知识密集型生产性服务业的知识溢出效应对于推动产业升级的作用。研发服务、信息服务、金融服务这些生产性服务业提供知识密集型服务，这类具有雇员知识化、高增值性、手段高科技等特征的知识密集型生产服务企业通过具有独立性和开创性的智力劳动为其他行业提供服务。通过产业链合作，生产性服务业与三次产业共同进行研发活动、共同开发产品、共同开拓新市场，结合各领域的专业知识及各组织的优点，可以实现产业知识的交流与互动，提升创新机会，把专门的知识转变为高效的生产力。

二、推进生产性服务业助力制造业发展

走新型工业化道路离不开生产性服务业的支撑。随着工业化的发展，在制造业产品的附加值构成中，纯粹的制造环节所占的比重越来越低，而服务业特别是现代服务业中物流与营销、研发与人力资源开发、软件与信息服务、金融与金融保险服务、财务法律中介等专业化生产服务和中介服务所占比重越来越高。制造业产品"三来一补""贴牌生产"，是我国参与国际分工的主要方式之一。长期发展技术含量和附加值低的产业，强化了我国对发达国家高新技术产业的依赖，使我国与发达国家的技术级差不断拉大。要实现我国产业能力的跃迁，而不仅仅只是依靠劳动力廉价的唯一优势来参与国际分工，更需要通过重视发展信息服务、金融服务、物资配送服务、研发与技术服务、环保服务及其他相关生产服务，构建完善的工业生产服务体系和有效地提升国民经济整体竞争力。

三、提升生产性服务业的市场化程度

深化改革是加快生产性服务业发展的重要环节之一。要加快体制和机制创新，加快建立现代企业制度建设。切实转换经营机制，深化信息服务、银行、证券、保险、房地产等行业服务企业内部劳动、人事、分配制度改革。调整国有经济布局，进一步完成国有生产服务企业的改制，降低生产性服务业的垄断经营程度。鼓励非公有制经济参与国有企业的资产重组，在国有经济比重较高的金融、保险、电信等行业中，进一步引入竞争机制，鼓励和促进非公有制经济健康发展，鼓励混合型经济发展，推动企业产权在不同企业、不同所有制之间的合理流动，逐步提高非国有经济比重。积极鼓励私营个体经济在更广泛的领域参与服务业发展，为民间投资者营造公平竞争的发展环境，放宽发展空间和经营领域，积极鼓励民间资

本的进入，通过放宽准入、改善服务、规范税费等多种方式吸引更多的民间资金流向生产性服务业。

四、提高生产性服务业专业化和现代化水平

生产性服务业产业化发展需要走专业化、规模化和现代化之路。发展产业内部的专业化分工体系，进一步完善劳动用工制度，强化企业内部资源、业务整合的自主性。引导和推动企业通过管理创新和业务流程再造，将一些非核心的生产服务环节剥离为社会化的专业服务，实现企业内置服务市场化、社会化，以核心竞争优势整合配套企业的服务供给能力，降低运营成本；提高生产性服务业的现代化水平，运用现代经营理念和高新技术改造传统生产性服务业，针对传统生产性服务行业的不同特点，提高经营管理水平，实现经营方式的转变。对国民经济的发展起着明显的带动作用的现代生产性服务业，从政策上、资金上进行重点扶持。

五、增强生产性服务业的国际竞争力

加快生产性服务业对外开放，积极参与生产性服务业的国际合作。利用外资产业政策创新的主要思路，从优惠政策转为开放政策。在不影响国家经济安全的前提下，可以在外商投资领域和股权比例方面实行更为开放的政策。此外，还可以支持有条件的国内生产性服务业企业依法与境外机构合作或合资，通过加强生产性服务企业与跨国公司合作，甚至与国际服务企业组建战略联盟，积极引进消化国际先进的服务技术和行业标准，学习吸收先进的管理理念和管理模式，提高生产性服务业的现代化水平和国际竞争力。

第六章 服务业的增长

国际经验表明，发达的服务业是一个国家和地区现代化的集中表现，它是现代经济增长的基本动力来源。服务业在各国经济发展中的地位不断上升，提供了国内生产总值和就业人数的较大份额，成为产出和就业机会的主要来源。因此，促进服务业增长、提高服务业发展水平已经成为各国经济发展战略决策层面的重点方向。本章主要介绍服务业增长的含义、理论沿革、发展规律等，并依托"成本病"现象，探究服务业生产率的测度方法以及表征状况。

第一节 服务业增长规律

一、服务业增长理论

经济增长理论是经济学研究中古老而又时髦的论题，从世界经济发展历史看，尽管各国经济在长期中都普遍存在着增长趋势，但同时也呈现出明显的差异。因此，要充分理解服务业经济增长，就必须首先了解经济增长理论，探究决定各国经济增长的因素。

（一）古典经济增长理论

古典经济增长理论的代表人物是斯密（Smith）和李嘉图（Ricardo）。斯密是古典经济增长理论的创始人，他在《国民财富的性质和原因的研究》即《国富论》（1776）一书中研究的中心问题就是国民财富的增长，指出"劳动生产力上最大的增进，以及运用劳动时所表现出的更大的熟练、技巧和判断力，似乎都是分工的结果"，从而认为劳动分工可促进生产率提高，并最终推动经济增长。同时提出市场扩大是生产率提高的一个因素，因此他提出通过国际贸易增加供给、扩大市场。他还研究了经济增长的因素和动态过程，即资本积累促进劳动分工，劳动分工提高生产率并增加总产出，总产出的增加又进一步增加资本积累。在他看来，经济增长一旦启动，增长的循环链就会继续。只要人均产出的增长快于人均消费的增长，就能保证不断有剩余、劳动需求不断提高及人均不断增长，从而经济不断增长。

在斯密之后，李嘉图将经济增长问题的中心转向收入分配，认为"确立这种支配的法则，乃是政治经济学的主要问题"。他认为经济增长的关键在于资本积累，因为资本数量与积累状况决定了劳动数量、分工程度和劳动生产率水平。而在资本积累过程中，利润是关键的因素。较高的利润会增加资本积累，资本积累又会促进劳动需求的增加，从而使市场工资成本高于维持生存的水平，这又导致了人口的增加。因此，推动经济增长的主要原因是资本家将其净收入中除消费外的剩余部分追加投入生产中所形成的资本积累。

古典经济学家对经济增长理论的贡献主要是提出了决定经济增长的要素，包括资源、资本、劳动力以及技术，并指出这些要素分别与经济增长的关系。此外，他们还指出了这些不同要素对促进经济增长的重要性不同，在这些要素中，资本积累被认为是最为重要的动态因素。换言之，古典经济增长理论认为，经济增长的根本动力是投资和储蓄。尽管古典经济学家给出了经济增长的一般性理论模型，但却没有深入地研究经济增长与其影响因素之间的数量关系，未能给出关于经济增长理论的数学模型，而这一点是由现代经济增长理论派实现的。

（二）现代经济增长理论

19 世纪后半叶，瓦尔拉斯（Walras）、马歇尔（Marshall）等经济学家放弃了古典经济增长理论的经济增长观点与动态分析方法，借助边际分析，将经济学引入静态分析时代。20世纪 30 年代，受经济大萧条的影响，凯恩斯主义一度受到推崇。之后，英国牛津大学经济学教授哈罗德（Harrod）和美国经济学家多马（Domar）以凯恩斯主义为基础，开创了现代经济增长理论。

哈罗德在 1939 年发表了《论动态理论》，而多马则在 1946 年发表了《资本扩张、增长率和就业》，由于他们的理论基础一致，且得出的经济稳定条件也非常相似。因此他们提出的经济增长模型被学术界称为哈罗德—多马模型。

该模型把注意力集中在投资对于经济增长的影响上，强调投资是经济的原动力，投资既创造需求，又创造生产能力。为了证明该理论，模型有许多假设：（1）全社会只生产一种产品；（2）储蓄是国民收入的函数；（3）生产过程中只使用劳动和资本两种要素；（4）劳动人口按照固定不变的比率增长；（5）不存在技术进步，也不存在资本折旧；（6）生产规模报酬不变。

由于该理论模型假设条件苛刻，与实际情况差别较大，模型的核心意图是要说明产量（或收入）增长率提高到它所引起的投入恰好能吸收本期的全部储蓄的程度，乃是实现经济均衡增长的基本条件。因此说，该模型是最理想的均衡增长模式。除了数学模型的创新外，该理论无异于凯恩斯的投资等于储蓄的观点。

（三）新古典经济增长理论

新古典经济增长理论的创立者是美国经济学家索洛（Solow）。索洛（1956）指出哈罗德—多马模型的关键问题在于"生产是在不变的要素比例的前提下发生的"这一假定。在放松该假定的基础上，索洛运用新古典主义的生产理论和边际分析方法，建立了一种新的经济增长模型。这一模型的显著特点是既有凯恩斯经济学的成分，又有古典经济学的成分，因此经济学家称之为新古典经济增长理论。随后，索洛（1957）在《技术变化与总量生产函数》一文中，将生产函数引入技术进步因素，将人均产出增长中由技术进步所引起的部分和由人均资本占有量变化引起的部分区分开来，这里的技术进步就是指产出增长中不被生产要素增加所解释的部分，即索洛余值（Solow residual）。

新古典经济增长模型首次将技术进步因素纳入增长模型，并将技术进步对经济增长贡献的数量进行了测算，从而引起人们对技术进步问题的关注，但并未给出影响技术进步的各要素。因为这里的技术进步是广义概念，难以分清究竟是哪些因素在起作用，以及这些作用有多大。这意味着，在新古典经济增长理论中，技术进步是给定的外生变量。实际上，如果将技术进步作为一种要素引入增长模型，则生产函数就会表现出收益递增的特点，但由于新古典主义的边际分析等理论均是在边际收益不变这一假定前提下进行的，因此无法处理收益递增模型。

此外，尽管该模型解决了部分哈罗德—多马模型中存在的虚拟假设条件下的不变要素问题，但是它的均衡增长率仍受到外生的人口增长率的制约，且长期增长率完全独立于储蓄率等经济变量，这一结论与经济增长的经验事实是不符合的。根据索洛模型，稳定的均衡人均收入增长率等于技术进步率，这样在技术条件基本相似的情况下，各国的人均收入增长率将趋于相等，这就是新古典经济增长理论中著名的趋同理论。

（四）新经济增长理论

新经济增长理论（也称为内生经济增长理论）认为，长期经济增长不依赖经济外部的力量（如外生技术进步），而是主要依靠经济的内在力量（如内生技术进步、资本积累等）推动，其中内生技术进步是一个国家或地区经济实现持续增长的决定性因素。这些理论主要包括美国经济学家罗默（Romer）和卢卡斯（Lucas）。

罗默（1986）否定了新古典增长理论把技术当作经济条件之外的外生变量的观点，他认为技术进步是经济体系中内生的。在他提出的知识积累模型中，否定了新古典经济增长理论的边际收益递减的假设，并提出四个生产要素，即资本、非技术劳动、人力资本（用受教育的年限来衡量）和新思想（用专利来衡量）。总体上该模型有三个基本假定：产出生产的收益递增、知识生产的收益递减和外部性。在罗默的模型中，具有专利的人力资本是经济增长的主要因素，他们使得资本和劳动要素投入产生递增收益，从而使得整个经济规模收益递增，递增的收益保证长期经济的增长。

卢卡斯（1988）建立了重要的内生经济增长模型。该模型以人力资本为核心，将资本区分为物质资本和人力资本两种形式，将劳动划分为原始劳动和专业化人力资本两种形式，认为专业化的人力资本是促进经济增长的真正动力，把人力资本内生化。

将知识作为一个因素纳入经济增长模型后，知识积累模型得出的基本结论是：技术可以复制，对投资收益都会产生正效应，投资又会促进知识的积累，知识增加加快了技术进步进程，在这种正反馈过程中，经济系统中出现增长的良性循环，从而可以长期提高经济增长率。根据罗默的知识积累模型，大国总比小国增长得快，但这与各国经济增长的经验事实并不相符，如中国、印度等大国与新加坡、韩国等小国的对比，以及20世纪70年代后发达国家经济增长速度明显缓慢等。卢卡斯的人力资本模型很好地解释了各国经济发展的差异，且对欧美等发达国家在近现代持续近一个世纪的长期经济增长现象，而中国、印度等大国的发展水平在此期间却一直很落后，以及一些最不发达国家至今尚在低收入水平徘徊甚至是经济不断衰退等经济现象也具有一定的解释力。

二、服务业增长悖论

20 世纪 70 年代以来，在经济全球化和信息化的推动下，许多国家的服务业快速发展，主要表现为服务业产值比重显著上升。但部分经济学家认为，所谓经济增长中服务业比重的上升，并不是经济增长过程中的一种真实图景，而可能是一种幻觉，服务业的真实份额并未增加。要理解服务业增长悖论，江小涓（2011）举过一个案例。1980 年，北京买一台 17 寸黑白电视机的价格约为 1 000 元，聘一位家务服务员的价格约为 500 元/年。简化起见，以它们分别代表商品消费和服务消费，则当时二者的比例关系为 2∶1，商品消费为主。2008 年，北京买一台 21 寸平面彩色电视机的价格约为 1 000 元，聘一位家务服务员的价格约为 15 000/年，两者比例关系为 1∶15，服务消费为主。再简化放大为国民经济结构，服务消费占国民经济的比重从 1987 年的 33% 上升到了 2007 年的 94%。然而对消费者来说，消费结构并没有实质改变：仍然是买了一台电视和聘用了一位家务服务员。该案例说明，消费者在服务消费上支出了越来越多的收入份额，但是他们所接受的服务量基本不变，同时服务业实际产出量的份额大致不变。在某种意义上讲，这是一个悖论，也成为学术界争论最多的服务业增长之谜。

从经济史的角度看，这些基本事实成为世界工业化经济体中大部分服务部门的特征：第一是服务的成本（价格）比其他商品上涨得更快；第二是服务商的总支出及其在国民收入中的份额一直持续上升；第三是在可测量的范围之内，服务的全部（实际）产出量在国民收入中的份额大体上保持不变。部分经济学家从各个角度对这一悖论进行了分析与回应。

（一）释疑一：服务业的实际增长与名义增长

服务经济本质上是一种非实体化的经济。服务业在定义和测度、评价标准、生产和消费关系、数量和价值关系、劳动生产率变化等方面与制造业有很大差异，还涉及许多超经济的问题。因此，服务业在国民经济中比重上升的含义与制造业有很大不同。上述案例说明了实际消费结构（以消费内容衡量）和名义消费结构（以支出结构衡量）的差异，所以理解服务业增长含义的核心是：比重上升的原因可能是真实增长，也可能是名义增长。

1. 我们先来看名义增长。

（1）服务相对价格上升。许多直接提供劳务的服务业，劳动生产率提升较慢，如家政行业。因此，虽然制造业和服务业的工资水平都在提高，但制造业有劳动生产率的提高将其抵消，而服务业中工资上涨更多地表现为服务价格较快上涨。虽然以增加值衡量的服务产出比重上升，但服务量并没有相应的增长。由此可以看出，制造业和服务业产值比重变化并不等于"数量"比重的相应变化。制造业以产值衡量的产出比重虽然下降，但实物产出却在持续增加。服务员则相反，产值比重上升并不代表服务量的相应上升。

（2）服务专业化和外移。这是指原本处于制造业生产过程中或制造企业内部的服务供给独立出来，由专业化企业提供，形成生产性服务业。每个企业只能集中在有限的核心业务上，其他业务由更专业化的公司提供。因此，企业将部分原本内部提供的零部件和服务转为外部购买。特别是 20 世纪 90 年代信息技术广泛应用以后，服务切割外移显著加速，成为产业分工发展的一个重要方面。切割外移的服务从信息系统维护、售后服务、后勤等"非核心业务"，逐步扩展到研发设计、供应链管理、人力资源管理等核心业务。这类中间服务业增长在很大程度上是对原有制造体系中内含服务的"切割"和外移，服务从企业的内部环节转变为外部的市场关系，从内部分工转变为社会分工。此时的服务业增长并没有为国民产出提供一个增量，而只是生产方式和生产组织形式的变化。

（3）自我服务转化为市场服务。在社会成员流动性不强，社会分工不发达的时候，许多服务在家庭内部和亲朋之间无偿提供，不被计入国内生产总值。随着社会和家庭结构的变化，相当于一部分家庭服务社会化，成为有酬劳动，就产出了 GDP。这个变化被形象地描述为"自己洗涮变为相互洗涮"。据我国 2008 年的一项统计显示，有 79% 的受访者参与了无酬劳动：男性参与率为 60%，女性参与率为 97%。如果其中一半的工作量逐步转化为有酬劳动并取得社会平均收入，GDP 将增加 10% 左右。

2. 我们再来看实际增长。服务消费的真实增长是指服务消费"量"的实质性增长。这可以从具体的服务消费类别中得到体现。

（1）消费性服务。包括三个增长源泉：第一是收入提高产生的服务需求，如高等教育服务、文化休闲服务、体育健身服务等；第二是技术发展提供的新业态和新品种，如随着互联网的兴起而衍生出来的各种服务，包括网络游戏、在线视频和在线购物等；第三是制造产品的增加所带来的关联服务消费，如汽车服务、通信服务等。

（2）生产性服务消费。主要是制造业发展和升级所引致的服务需求量增加，技术变化、产业组织变化和最终需求变化，引致了较大的生产性服务需求。随着科技进步，新产品、新设计、新的加工工艺等不断涌现，作为中间技术投入源源不断地供应给农业、制造业甚至服务业自身。制造业越来越复杂的分工体系，要求有密集的服务网络如物流服务、供应链服务等将其联结成协作体系。产品复杂性的不断增加，要求有方便快捷的客户服务，如培训服务、售后服务等。

（3）公共性服务。第一是生活水平的提高使得人们的需求层次提高，对安全、教育、医疗等有了较大的需求。第二是城市化的不断深入要求公共基础设施、社会保障体系等进行相应的配套，这使得公共服务需求也得到了空前的增长。

（二）释疑二：鲍莫尔—富克斯假说（Baumol-Fuchs Hypothesis）

鲍莫尔（Baumol）于 1967 年在《美国经济评论》发表的《非均衡增长的宏观经济学：城市病的剖析》一文中提出了著名的鲍莫尔成本病（Baumol's Cost-Disease）概念，他认为由于服务业生产成本提高，若经济均衡发展，则劳动力将会向服务业转移，整体经济增长率将下降。此后，鲍莫尔等（1985）在之前的研究基础上，将模型扩展为三部门非均衡模型，进一步证实了经济中存在鲍莫尔成本病。与此同时，富克斯（Fuchs，1968）也认为，服务业就业比重上升的主要原因是其劳动生产率的相对滞后，从而得到与鲍莫尔相同的结论。据此，学术界将两者得出的结论称为鲍莫尔—富克斯假说。

1. 鲍莫尔两部门非均衡模型。鲍莫尔（1967）指出，经济活动的技术结构是决定生产

第六章 服务业的增长

率高低的关键因素。为此，他构建了两部门非均衡增长模型。模型假设：制造业中劳动是中间产品，劳动起到初级作用，技术创新使得生产中对劳动力的需求减少，并且能提升该部门产品的质量；而服务业中劳动是最终产品，劳动力投入的多少决定了该部门产品质量的好坏。因此，将制造业部门称为"进步"部门，劳动生产率以恒定的速度增长，而服务部门称为"停滞部门"，劳动生产率不变。

该模型假设除了劳动力成本以外的支出都可忽略，即劳动力是唯一的投入。"进步"部门和"停滞"部门名义工资水平相同，且名义工资与平均劳动生产率按相同的速度增长。当"进步"部门的劳动生产率不断提高时，两个部门名义工资都上涨，值得注意的是，"进步"部门劳动生产率提高使得产出的增加补偿了名义工资的增长，而"停滞"部门由于劳动生产率保持不变，名义工资的上涨会使得成本相应提高。因此，"进步"部门的技术进步不可避免地增加了"停滞"部门的成本，若"停滞"部门的产品需求富有价格弹性，则消费者会因产品消费成本高而减少消费，导致"停滞"部门的产出会逐渐减少，甚至是消失。若"停滞"部门的产品需求缺乏价格弹性，则在工资上升后，消费者对"停滞"部门产品的需求将不断增加，故更多的劳动力转移到"停滞"部门，而"进步"部门的劳动力比重将趋于零。鲍莫尔非均衡增长模型指出：为了经济均衡发展，两部门的实际产出比例应保持不变。因此，劳动力将不断转移到"停滞"部门，从而使整体经济增长速度下滑，即服务业相对较低的生产率将导致经济增长受阻。

2. 鲍莫尔三部门非均衡模型。鲍莫尔（1985）在之前的研究基础上，将模型扩展为三部门非均衡模型，社会经济体除了"进步"部门、"停滞"部门外，还引入了"渐进渐滞"部门。这主要是因为把整个服务业看作"停滞"部门有一定的局限性，可以把其中的一些行业定义为"渐进渐滞"部门。该部门包括一定的进步投入和停滞投入。在初始时期，"渐进渐滞"部门的生产率快速增长，成本下降，而随着时间的推移，其成本和价格行为逐渐接近"停滞"部门。

根据该模型，鲍莫尔利用美国1947~1976年的数据进行实证检验，结果发现，"进步"部门和"停滞"部门的产出份额实际上相当稳定。因此，随着相对价格的上升，"停滞"部门（服务业）的支出和劳动所占份额急剧上升（价格上涨的速度与落后于"进步"部门生产率的速度相同）。此外，实证还发现，如果要实现三部门均衡增长，则劳动力将不断转移到"停滞"部门和"渐进渐滞"部门的停滞部分，进而导致两个部门就业所占比重不断上升，总成本比重也不断提高，故鲍莫尔认为"停滞"部门对经济增长的不利影响可能比早期的研究结果更大。

3. 鲍莫尔—富克斯假说的形成。富克斯（1968）基于美国1929~1965年的数据从实证角度探讨了服务业就业增长与经济发展，将服务业就业增长的原因归结为：最终需求增长、服务业专业化水平的提高以及服务业生产率增长缓慢。首先，消费产品的类型与收入有关，当工资上涨时，居民对服务的需求更多，这不仅提升了服务业的消费比重，而且增加了服务业的就业率。其次，服务业专业化水平的提高使得服务业质量改善和平均成本降低，进而导致制造业对服务业的生产和需求增加。最后，服务业生产率增长缓慢会促进就业，服务业生产率落后有多方面原因：第一，服务业比制造业的人均工作时间短，导致服务业的人均产出不如制造业多；第二，制造业比服务业的工资增长快说明制造业比服务业的劳动力素质高，制造业的劳动力受教育水平、男性所占比重、主要工作年龄所占比例都比服务业具有优势，并且制造业劳动力素质的提升使得该部门的专业化和管理水平快速增长，这显示了制造业人均人力资本的较快增长有利于该产业劳动生产率的提高；第三，制造业人均实物资本多于服务业，即制造业资本密集度比服务业高。

富克斯（1968）的实证研究结果显示，虽然最终需求增长和服务业专业化水平的提高都能解释服务业就业率的增长，但使该产业就业比重上升的主要原因是服务业劳动生产率的相对滞后。该结论与鲍莫尔观点相同，这就是所谓的鲍莫尔—富克斯假说。

4. 鲍莫尔—富克斯假说的修正。鲍莫尔—富克斯假说引起了经济学家的极大兴趣，西方经济学对其进一步研究，尤其随着现代服务业的发展，该假说受到越来越多的质疑和批评，主要基于以下观点：

（1）服务业生产率测度的方法。目前对服务业的概念、统计方法等还不统一，研究者甚至是统计部门还存在着较大的争论。以格里利兹（Griliches，1994）为代表的统计学家指出由于服务部门存在不可测度性，所以无论是美国经济分析局还是劳工统计局关于服务业产出和生产率的测度方法，都使得其结果比实际值低。原因是 20 世纪 70 ~ 80 年代，美国服务业固定资产投入增长得最快，这必然会加速服务业技术进步，进而提高服务业生产率。而按照传统方法测算出的服务业生产率不增反降，这不符合实际情况。此外，忽视服务产品质量也会导致服务业产出和生产率被低估。

（2）服务业生产率影响因素的识别。鲍莫尔—富克斯假说仅考虑劳动投入，但事实上，人力资本、信息技术、研发、创新、组织形式等也会对服务业生产率产生影响。例如普尼奥（Pugno，2006）认为服务业消费增强了人力资本，若人力资本积累影响相对较大，则劳动力转向服务业时，并不会降低人均实际 GDP 水平。

（3）服务业作为中间投入品的分析。鲍莫尔—富克斯假说的应用只能限制在最终消费性服务业，对作为中间投入的服务业显然不适应。虽然同一服务产业的生产率是滞后的，但是流向作为中间投入服务的资源不是作为生产率下降的结果来解释，而应作为生产率提高的因素来解释（Oulton，2001）。

（4）服务业内部行业生产率的差异。相对于鲍莫尔—富克斯假说仅从服务业全貌来研究其他生产率，部分学者更关注服务内部行业生产率的差异。沃尔夫（Wolfl，2003）指出，服务业本身由不同生产率的行业组成，有的行业生产率增长低或负增长，但有的行业生产率增长甚至比制造业还高。近几年来，欧美国家与信息通信技术（ICT）有关的服务行业具有较高的生产率增长。部分服务行业也存在规模报酬递增现象，这可能与鲍莫尔的假设相矛盾。

三、中国服务业增长

（一）中国服务业增长概述

在新中国成立后的前 30 年的经济发展中，由于传统经济发展模式和计划经济体制的制

第六章 服务业的增长

约，服务业并未得到重视。1952 年服务业增加值只有 194.3 亿元。直到改革开放初期的 1980 年，服务业增加值占我国国内生产总值的比重仅为 21%[①]。这个时期我国服务业产值比重和就业比重两个指标在国际排名中都列居最后几位[②]。进入 21 世纪，我国服务业增长加快。

1. 服务业产值不断增加。1978 年中国服务业增加值 3 678.7 亿元，2020 年服务业增加值 1 015 986.2 亿元，按照当年价格计算，比 1978 年增加值增长了 275 倍。从比重来看，1978 年中国服务业增加值占 GDP 比重为 24.6%，2012 年中国服务业增加值占 GDP 比重首次超过制造业，2015 年中国服务业增加值占 GDP 比重首次超过 50%，2020 年中国服务业增加值占 GDP 比重为 54.5%，相较于 1978 年上升了近 30 个百分点。服务业对国民经济增长的贡献率不断提高，中国已经进入了服务经济时代，见表 6 - 1。

表 6 - 1 中国服务业历年增加值及比重

年份	服务业增加值（亿元）	占 GDP 比重（%）
1978	3 678.7	24.6
2000	100 280.1	39.8
2010	412 119.3	44.2
2015	688 858.2	50.8
2020	1 015 986.2	54.5

数据来源：《中国第三产业统计年鉴 2021》。

2. 服务业从业人员不断增加。1978 年中国服务业从业人员 4 890 万人，占当年所有就业人员的比重仅为 12.2%。2020 年中国服务业从业人员 35 806 万人，相较于 1978 年增长了 6.3 倍，就业比重达 47.7%，相较于 1978 年上升了 35.5 个百分点。改革开放后，在城镇化建设等带动下，大量农村转移人口和新增劳动力进入服务业，服务业就业人员连年增长，已成为我国吸纳就业最多的产业，见表 6 - 2。

表 6 - 2 中国服务业历年从业人员及比重

年份	服务业从业人员（万人）	占所有就业人员比重（%）
1978	4 890	12.2
2000	19 823	27.5
2010	26 332	34.6
2015	32 258	42.3
2020	35 806	47.7

数据来源：《中国第三产业统计年鉴 2021》。

---

① 国家统计局.《中国统计年鉴（2020）》。
② 邢丽娟，李凡. 服务经济学 ［M］. 天津：南开大学出版社，2014.

3. 服务贸易规模不断增长。1985 年中国服务贸易出口额为 29.25 亿美元，仅占世界服务贸易出口额的 0.8%，1995 年这一比重提高到 1.6%，排在世界第 16 位。2000 年我国服务贸易出口额达 297 亿美元，占世界服务贸易出口总额的 2.5%。2003 年增长到 467 亿美元，相较于 1985 年增长了 16 倍[①]。"十三五"期间，中国服务进出口累计 3.6 万亿美元，比"十二五"时期增长 29.7%[②]。截至 2020 年，从服务贸易规模看，中国已经连续七年位居全球第二，与全世界 240 个国家和地区有服务贸易往来，已成为服务贸易大国[③]。

(二) 我国服务业比重是否偏低

自富克斯著名的《服务经济学》一书问世以来，世界的经济服务化进展突飞猛进。以服务业就业人口超过 50% 为衡量标准，世界所有发达国家都已经实现了经济服务化。库兹涅茨 (Kuznets，1971) 和钱纳里 (Chenerry，1975) 通过分析大样本的时序数据和截面数据发现：随着人均收入水平的提高，服务业在国民经济中的比重（产业比重和就业比重）呈上升趋势，并最终超过农业和工业而在国民经济中占据主导地位。根据这些理论，服务业比重逐渐成为衡量一个国家或地区经济发展水平的重要指标。

改革开放以来，我国服务业得到了快速发展，服务业产值比重从 1978 年的 24.6% 上升至 1990 年的 32.4%，但进入 1990 年以后，服务业产值比重呈现徘徊局面，甚至在 1993 年后出现了连续下降，与同期世界不同收入水平国家的平均水平相比，我国服务业比重明显偏低。截至 2020 年，我国服务业产值比重为 54.5%，仍显著低于美国、英国、法国等发达国家，甚至低于巴西、俄罗斯、南非等新兴经济体。为此，许多学者呼吁加快提高我国服务业产值比重（许宪春，2000；江小涓和李辉，2004）。然而，关于我国服务业产值比重是否过低或者国家是否应一味地提高服务业比重，学术界尚未达成一致的结论，见表 6-3。

表 6-3　　　　　　　　　世界主要经济体服务业产值比重　　　　　　　单位：%

国家	2010 年	2019 年	2020 年
中国	44.2	54.3	54.5
美国	76.2	77.3	N/A
英国	70.5	70.9	72.8
法国	70.7	70.2	71.0
日本	70.2	69.3	N/A
意大利	66.3	66.4	66.8
澳大利亚	65.7	66.0	66.0

---

① 邢丽娟，李凡. 服务经济学 [M]. 天津：南开大学出版社，2014.
② 商务部，等.《"十四五"服务贸易发展规划》[Z]. 2021-10-19.
③ 商务部. 中国服务贸易发展报告 2020 [R]. 2021.

国家	2010 年	2019 年	2020 年
印度	45.0	49.9	49.3
巴西	57.6	63.2	62.9
俄罗斯	53.1	54.0	56.3
南非	61.0	61.2	61.4

数据来源:《中国第三产业统计年鉴2021》。

魏作磊和胡霞(2005)利用多国截面数据和时序数据,分析了多国服务业比重的变动趋势,提出了工业化阶段正常现象说,认为只有当一个国家工业化程度很高或者完全实现工业化进入后工业化时期,人均GNI(国民总收入)达到一个较高水平时,服务业比重才会随着人均GNI的增加而上升。而我国服务业比重相对各类型收入国家明显偏低,其原因在于我国工业比重远远高于这些国家,而工业比重偏高是由目前我国工业化发展阶段以及我国在国际分工中的位置决定的,服务业比重低并不一定意味着我国服务业增长水平低。因此,为了提高服务业增加值比重而进行大推进式的服务业增长缺乏理论依据。

如果说服务业占比较低很大程度上就是我国经济发展阶段性特征的合理产物,并非我国服务业增长水平落后的证明,但实际情况是,按照世界银行标准,2012年我国按现价美元衡量的人均GNI已经高达5 720美元,早已步入中高收入国家组别。甚至有部分经济学家判断我国整体上已经进入工业化后期阶段,但我国服务业的增长仍然没有进入魏作磊和胡霞(2005)预期的高速发展通道。

尽管经济学家们尚未对我国服务业比重是否偏低作出肯定性结论,但是可以达成一致的是,追求经济服务化并不等于简单地用服务业占比衡量地区经济发展程度。比如,无论是在地区生产总值还是服务业产值规模上,西藏、贵州等地远远不及江苏,而其服务业产值比重却一度比江苏高,难道能因此说西藏、贵州等地的经济现代化水平都比江苏高吗?因此,大力提升服务业比重是当前中国扩大内需、实现高质量发展的重要抓手。只是,经济服务化的真正意义绝不仅仅是服务业在数量和比重上的简单扩大。相反,经济服务化是"质重于量"。这种质量变化的象征,就是服务产业的状况本身,包括服务业产业内部诸如所谓的新服务业的出现和传统的服务业转型升级等。尤其是生产性服务业为适应服务需求,随着制造知识集约化、国民需求多样化等而变得多样和高级起来(张月友,2014)。

(三)我国服务业是否存在"鲍莫尔成本病"

由于"成本病"问题直接关系到经济增长和社会福利,学术界围绕中国是否存在"成本病"问题进行了研究。程大中(2004)利用中国1978~2000年数据的研究发现,中国整体服务业劳动生产率的增长滞后,这是中国服务业就业份额增长较快的主要原因。王俊(2008)利用1991~2005年中国服务业内部各行业数据检验了鲍莫尔—富克斯假说,发现制造业相对于服务业劳动生产率的提高会促进服务业各行业就业的增长,用中国数据再次验证了服务业技术进步滞后是导致就业增长的重要原因。宋健和郑江淮(2017)利用中国1984~2014

年的省际面板数据发现，中国服务业的生产率相对滞后，存在"成本病"现象，但地区间存在差异，东部地区"成本病"明显，西部地区"成本病"不显著。宋健和王静（2018）进一步研究发现，中国从1992年开始出现"成本病"，且大城市服务业的"成本病"现象较为严重，资源错配会进一步加剧"成本病"。

在相当长的一段时期里，中国经济增长进入了一个稳定缓慢下行的通道，虽然影响这个下行趋势的因素很多，但江小涓（2021）认为鲍莫尔成本病是一个重要的因素。从国际上看，第二次世界大战后陆续进入服务业为主时期的多个经济体，在服务业比重超过一半的年份前后，这些经济体的增长速度都呈现下降趋势，这是经济史上较为少见的规律性表现。因此，由于中国服务业整体上仍然是劳动生产率较低的行业，经济增长的下行压力依然较大，有可能达到先行国家服务业比重和经济增长速度相对均衡的状态才能稳定下来。

受制于上述研究所处时代的限制，大多数关于"成本病"的研究着眼于工业经济时代和信息经济时代的经济结构转变。进入21世纪特别是近十年来，新一轮科技革命和产业变革突飞猛进，不断涌现出新科技、催生新产业，其中数字技术是其中的核心技术群。以移动互联网、大数据、云计算、物联网、人工智能、区块链、3D打印为代表的数字技术是典型的通用目的技术，应用范围广、影响程度深，正在深刻改变国民经济各个产业的创新链、价值链、供应链、服务链和产业生态的方方面面。一些学者已经注意到数字技术可能对服务业"成本病"产生影响。江小涓（2018）指出，由于信息技术特别是互联网服务在服务业的应用，提供服务的新模式、规模经济效应、显著的范围经济、专业化的分工和研发部门效率的提升，使服务业劳动生产率停滞的状况发生了改变。谭洪波（2017）认为，人工智能技术能够使所有行业的劳动生产率出现显著增长，从而彻底颠覆"成本病"存在的基础。江小涓（2021）以文化产业为例，认为数字技术通过突破时间和空间障碍、信息有限的障碍、新创意新作品"面市"的障碍、知晓市场需求的障碍、精准传播的障碍、中小企业的市场进入障碍，带来文化产业链条各环节效率的提升。

第二节　服务业生产率

现代经济增长理论清楚地表明，决定一个国家或地区长期经济增长的关键是生产率的不断提高。对生产率的理论处理经历了从最初的外生技术进步到内生技术进步的演变，在关注的重点方面也从早期的资本和劳动两要素逐步拓展至资本、劳动和人力资本三要素，从而对生产率的认识更加深入，处理也更加成熟。因此，根据现代经济增长理论，从效率角度探讨服务业增长状况，分析生产率在服务业增长中所起到的作用等问题就显得格外重要。

一、服务业生产率的定义

服务业的兴起带来了传统经济分析方法的改变，主要表现在服务业的产业特征与传统的制造业不尽相同。服务产出无形、不可存储的特质对它的测量成为服务业计算中出现的首要问题，随之而来的定义问题至今是学术界争论的焦点。

格里利兹（1992）的论述是这方面的经典。他认为，服务业产出测量和以下三个方面有关：（1）交易的内容和性质，例如医生提供的服务，是医疗中的过程、诊断，还是治愈的结果？（2）服务由使用者参与的性质使它很难标准化和定价。（3）服务的质量变化很难察觉，也很难计价。因此，服务业是"不可测度的部门"。服务业生产率的计算关系到采用哪些指标，使用哪些数据和使用哪些方法度量这三个问题。选用的指标、数据和方法不同，测度出来的生产率也不相同。

早期对于服务业生产率的研究主要集中在服务业的劳动生产率方面。所谓服务业的劳动生产率是指投入服务部门的人均服务产出。这种定义涉及两个指标的选取：（1）投入的劳动力指标；（2）服务产出指标。而在具体分析部门时，这些指标的获取存在一定的问题。

第一，服务产出的定义、指标的选取和数据获取较为困难。大部分服务产出的无形性、复杂性和即时性使得服务产品价值增值很不容易用产品产出数量和售价的乘积统计出来。

第二，服务产出难以计算"非售"服务，并且劳动投入需要考虑其要素是中间投入还是最终投入。

第三，服务业生产率中关于度量偏差争论的焦点是当期和不变价格产出的选择。许多服务活动很难把由于质量变化而导致的价格变化和由于纯粹价格变化而导致的价格变化进行区分。因此，哪怕服务业产出与劳动投入的数据能够获取，但两者之间未必有必然联系，因为这与服务质量和服务产出效率有关，而这方面的数据目前无法统计。

后来，特里普利特和巴里（Triplett and Barry，2002）把服务业生产率增长分解为劳动生产率和全要素生产率增长。由于全要素生产率不仅是服务业劳动生产率增长的主要源泉，也是服务业产出增长的主要贡献者，因此越来越多的学者在研究服务业生产率时已从单纯的劳动生产率扩展为全要素生产率（total factor productivity，TFP）。

二、全要素生产率的测度

对于全要素生产率估计通常是从拟合生产函数开始的，因为在总量层面上，总产出总是无法全部被要素投入解释，即存在生产函数的"剩余"。因此，在传统意义上，全要素生产率被理解为扣除要素贡献后的"剩余"生产率水平，或者是由于技术进步以及制度改良等非生产性投入对于产出增长的贡献。

（一）索洛剩余法

索洛剩余法建立在新古典增长模型上。在新古典增长模型中，生产函数为：

$$Y_t = A_t F(K_t, L_t)$$

这是一个包含技术进步因素的生产要素可替代的生产函数，可见，索洛将增长表示为资本、劳动和技术进步的函数。而 A_t 即为全要素生产率的技术进步因子。在假定技术进步是希克斯中性（在技术进步过程中，要素边际技术替代率不变）的条件下，对上式两边取自然对数并对时间求导可得：

$$TFP = \frac{\dot{A_t}}{A_t} = \frac{\dot{Y_t}}{Y_t} - \left[\frac{\partial Y_t}{\partial K_t} \frac{K_t}{Y_t} \frac{\dot{K_t}}{K_t} + \frac{\partial Y_t}{\partial L_t} \frac{L_t}{Y_t} \frac{\dot{L_t}}{L_t} \right]$$

其中，TFP 为全要素生产率，即不能被投入要素所解释的剩余部分。$\frac{\partial Y_t}{\partial K_t} \frac{K_t}{Y_t}$，$\frac{\partial Y_t}{\partial L_t} \frac{L_t}{Y_t}$ 分别为资本和劳动的产出弹性。由此可知索洛余值的思想就是在估算总量生产函数后，用产出增长率与各种要素增长率的差来代表全要素生产率的增长。

（二）数据包络分析法（DEA）

数据包络分析也被称为非参数前沿分析，最早可以追溯至法雷尔（Farrell，1957）的研究，查恩斯等（Charness et al.，1978）将该估计方法可操作化后，大量研究开始采用该方法测量决策单元的效率水平（Seiford and Thrall，1990）。数据包络分析法并不需要设定生产函数，效率被定义为产出的线性组合之比，线性组合中产出权重 v_q 与投入权重（u_l，u_k）通过最大化所考察目标（产业、城市、产业）的效率确定。该估计方法对每个观测值求解一个线性规划问题，假定观测值为1，则其面临的问题为：

$$\underset{v_q,u_l,u_k}{\text{Max}\theta_i} = \frac{v_q Y_1 + v^*}{u_l L_1 + u_k K_1}; s.t. \ \frac{v_q Y_1 + v^*}{u_l L_i + u_k K_i} \leqslant 1 ; i = 1,\cdots,N$$

除了投入权重不能为负外，上述最大化问题面临的唯一约束是所有考察目标效率都不能超过100%。为了便于解出该线性规划问题，在求解之前都会对上述线性规划问题进行标准化处理；由于投入产出权重同比例变化将不影响求解过程，在求解过程中通常令 $u_l L_1 + u_k K_1 = 1$。v^* 是可变规模报酬的互补松弛条件，在固定规模报酬设定下（$v^* = 0$）生产前沿是穿过原点的射线，在规模报酬可变的设定下生产前沿是所有观测值的包络线。

（三）基于 DEA 的 Malmquist 指数法

Malmquist 指数是由马姆奎斯特（Malmquist）在1953年分析消费的过程中提出的，卡夫等（Caves et al.，1982）最早使用该指数测度全要素生产率的变化，之后法勒等（Fare et al.，1994）将 Malmquist 指数与 DEA 理论相结合，并进一步将 Malmquist 指数测算的全要素生产率进行分解。

根据法勒等（1994）对 Malmquist 指数的定义：

$$M_i(x^t,y^t,x^{t+1},y^{t+1}) = \left[\frac{D_i^{t+1}(x^{t+1},y^{t+1})}{D_i^{t+1}(x^t,y^t)} \times \frac{D_i^t(x^{t+1},y^{t+1})}{D_i^t(x^t,y^t)} \right]^{\frac{1}{2}}$$

其中，$D_i^t(x^t,y^t)$、$D_i^{t+1}(x^{t+1},y^{t+1})$ 表示以当期技术表示的技术效率水平，$D_i^t(x^{t+1},y^{t+1})$ 表示以第 t 期技术表示的 $t+1$ 期的技术效率水平，$D_i^{t+1}(x^t,y^t)$ 表示以第 $t+1$ 期技术表示的第 t 期技术效率水平。该值可大于1，等于1，小于1。大于1时表示全要素生产率呈增长趋势，反之则呈下降趋势。

Malmquist 生产率指数可被进一步分解：

$$M_i(x^t,y^t,x^{t+1},y^{t+1}) = \frac{D_i^{t+1}(x^{t+1},y^{t+1})}{D_i^t(x^t,y^t)} \times \left[\frac{D_i^t(x^{t+1},y^{t+1})}{D_i^{t+1}(x^{t+1},y^{t+1})} \times \frac{D_i^t(x^t,y^t)}{D_i^{t+1}(x^t,y^t)} \right]^{\frac{1}{2}} = TEC \times TC$$

TEC 是规模报酬不变且要素自由处置条件下的效率变化指数，它测度从时期 t 到 $t+1$ 生产决策单元到最佳生产可能性边界的追赶程度，也被称为"追赶（Catch-up）效应"，衡量效率的变动。当 *TEC* > 1 时，表明决策单元的生产更接近生产前沿面，相对技术效率有所提高。*TC* 是技术进步指数，它测度了技术边界从时期 t 到 $t+1$ 的移动情况，即效率前沿的移动，也被称为"增长效应"。当 *TC* > 1 时，说明出现了进步或创新，生产前沿面向上移动。

实质上，该指数是用两个不同时刻的距离函数的比值来刻画生产率的变化，而距离函数的求解是通过 DEA 的数学线性规划模型来实现的。该方法不仅可以衡量决策单元的全要素生产率的逐期动态变化，而且还可以通过分解为技术进步、纯技术效率和规模效率的变动，找出导致全要素生产率变动的源泉。

（四）随机前沿分析（SFA）

对于对生产函数估计带来严重干扰的生产率冲击，随机前沿分析直接假定该变量服从某一分布，从而将其从随机干扰项中分离。这种估计思想最早源于艾格纳等（Aigner et al.，1977）、穆森和布勒克（Meeusen and Van den Broeck，1977）的研究。因为设定了生产率具体分布，所以该方法利用最大似然估计方法对生产函数进行估计。

估计技术效率时常用的函数形式是超越对数生产函数（tanslog production function），但其参数过多，计算较为烦琐；柯布—道格拉斯生产函数假定又过于苛刻，影响分析结果的准确性。因此可将生产函数设定为常数替代弹性（constant elasticity of substitution，CES）生产函数：

$$Y = A \left[\alpha L^{-\rho} + (1-\alpha)K^{-\rho} \right]^{-\frac{\beta}{\rho}}, 0 \leqslant \rho \leqslant 1, \beta > 0$$

该式取对数并在 $\rho = 0$ 处按照泰勒二阶展开，最终得出随机前沿生产函数如下：

$$LnY_{it} = LnA_{it} + \alpha\beta LnL_{it} + (1-\alpha)\beta LnK_{it} + \frac{1}{2}\alpha\beta\rho (LnK_{it} - LnL_{it})^2 + \nu_{it} - u_{it}$$

估计服务业的生产率，即在上式的基础上，估计技术效率值（technical efficiency，TE）。它可以通过计算产出和对应的随机前沿产出的比值求出：

$$TE_{it} = Y_{it}/f(X;\beta)exp(v_{it}) = exp(-u_{it})$$

求解 *TE* 就是估算 u 的条件期望值。例如 u 可以服从半正态分布，也可以服从指数分析、Gamma 分布等。*TE* 值介于 0 ~ 1，值越大，技术效率越高；*TE* 等于 1 表示决策单元是完全有效率的。

三、中国服务业生产率

(一) 服务业生产率的总体表现

随着对服务业发展的认识和重视程度的加深，部分经济学家对我国服务业的生产率进行了研究。郭克莎（1992）根据增长核算法发现，1979~1990年我国服务业全要素生产率的平均增长率为2.58%。程大中（2003）发现，从20世纪90年代开始，我国服务业增长的驱动力发生转换，资本—产出比增长率对服务业人均产出增长率的贡献开始超过全要素生产率增长率的贡献，我国服务业技术进步属于略微资本增强型。杨向阳和徐翔（2004）从生产率与规模报酬的角度研究了要素投入的边际变化对我国服务业产出的影响。徐宏毅（2004）利用随机前沿模型，发现1992~2002年我国服务业全要素生产率的平均增长率为4.8%，且这一贡献主要来自技术进步。

然而，也有一些研究持相反的态度。顾乃华（2005）利用随机前沿模型，发现1992~2002年全要素生产率对我国服务业增长的贡献非常小，且技术效率低下。顾乃华和李江帆（2006）利用随机前沿模型研究了市场化程度、人力资本对我国服务业技术效率区域差距的影响，发现三大地区服务业技术效率均呈下降趋势。杨向阳和徐翔（2006）利用基于DEA的Malmquist方法对我国服务全要素生产率进行分解，发现三大地区服务业技术效率基本没有提高，甚至有所下降。

另一些研究则认为，服务业生产率呈现出阶段性和波动性。杨勇（2008）利用C-D生产函数测算了我国服务业全要素生产率，发现其对产出的贡献率经历了由波动向平稳的转变过程。谷彬（2009）利用超越对数生产函数的随机前沿模型，基于经过普查修订的历史数据，对改革开放以来我国服务业技术效率进行测算，发现其效率演进过程存在阶段性特征。

(二) 服务业生产率的区域差异

在顾乃华和李江帆（2006）研究中，发现我国东部地区、中部地区、西部地区服务业技术效率存在着显著差异，这加剧了我国服务业区域发展的不平衡，进一步的分析认为是各地区市场化进程的差异导致了服务业技术效率上的差异。顾乃华（2008）借助DEA方法进一步发现，区域之间服务业效率差异明显有扩大趋势。尹琳琳和苏秦（2009）使用Malmquist方法测算了1993~2007年我国31个省份的服务业全要素生产率，发现我国服务业的生产率总体上处于增长趋势，但区域发展并不平衡，东部地区具有明显的增长优势，而中西部地区的大多数省份发展滞后或缓慢。黄森和蒲勇健（2011）运用三阶段Malmquist方法测算了我国各省服务业2003~2007年的全要素生产率，发现我国服务业整体效率降低很大程度上是中部和西部服务业效率退步造成的。

(三) 服务业生产率的国际比较

从现有相关研究来看，不同的服务业生产率测算方法依赖于不同的假设，在估算生产函数、进行经验检验时都会遇到不同的挑战。目前缺乏对全球主要经济体服务业及其分部门生产率进行跨国比较的研究，主要原因在于现有测算方法所需要的指标数据无法得到满足。因此，胡宗彪和周佳（2020）对传统全要素生产率的测度方法进行了拓展，通过采用兼具赫克歇尔—俄林模型和李嘉图模型特征的测度框架，首次利用双边服务贸易数据，测度了包括中国在内的主要经济体服务业的生产率。

1. 服务业 TFP 的总体态势。2000 ~ 2014 年我国服务业 TFP 的分布趋势具有阶段性特征：2000 ~ 2003 年服务业总体发展还处于比较初级的阶段，低生产率（0 ~ 0.2）的服务业开始增加；2004 ~ 2007 年服务业发展水平持续提升，生产率明显提高，服务业从低生产率（0 ~ 0.2）为主向较低生产率（0.4 ~ 0.6）过渡；2008 ~ 2014 年，TFP 为 0.4 ~ 0.6 区间的服务业成为主流，低水平间的差距缩小程度十分显著，低生产率服务业显著减少，0.6 ~ 0.8 区间的服务业生产率显著增加。

2. 服务业 TFP 的总体比较。表 6 - 4 报告了 2000 ~ 2014 年主要经济体服务业生产率的均值。可以看出，中国服务业相对于美国服务业的 TFP 水平在 0.5 以下，而英国、德国、日本等发达国家服务业 TFP 均不低于 1.1，可见中国与发达国家的 TFP 仍存在较大差距。从新兴经济体来看，巴西和俄罗斯要明显高于中国，中国与印度的服务业生产率较为接近但中国略高于印度。

表 6 - 4　　　　　　　世界主要经济体 2000 ~ 2014 年服务业 TFP 均值

国家	服务业 TFP 平均值
中国	0.450
美国	1
英国	1.433
法国	2.384
日本	1.427
意大利	1.640
澳大利亚	1.794
印度	0.445
巴西	0.582
俄罗斯	0.505
韩国	0.882

数据来源：胡宗彪，周佳. 服务业全要素生产率再测度及其国际比较 [J]. 数量经济技术经济研究，2020，37（8）：103 - 122.

3. 服务业 TFP 的细分行业比较。表 6 - 5 报告了我国服务业分行业各年度 TFP 在 42 个经济体中的排名变化情况。2000 ~ 2014 年，我国排名上升较明显的行业有管理咨询服务业和教育业。我国较世界发展水平落后的服务业行业主要有运输仓储支持、金融服务业和行政支助服务业。其中,行政支助服务业生产率在 2012 年大幅下降,导致世界排名下降。运输仓储支持和金融服务业的相对生产率增长速度未达到世界平均水平,导致世界排名同样出现明显下降。对于世界排名呈下降趋势的这些行业,应该在市场和政府两个方面加大举措,以获得相对于其他经济体更快的增长速度,进而提高世界排名,使其由相对世界落后的行业变为相对优势行业。需要强调的是,此处相对优势或落后行业主要是从时间维度上进行的判断,如果从绝对排名来看,中国在绝大多数行业上排名都是靠后的。

表 6 – 5　　　　　中国服务业分行业各年度 TFP 在 42 个经济体中的排名变化

行业	2000 年	2001 年	2008 年	2013 年	2014 年
除汽车、摩托外的批发贸易	41	42	40	41	41
除汽车、摩托外的零售贸易	40	41	41	41	40
陆路和管道运输	40	40	41	41	41
水路运输	40	41	39	40	40
航空运输	42	42	41	41	41
运输仓储支持	33	35	41	41	40
邮政快递服务	36	36	36	35	35
住宿餐饮服务	40	40	41	39	39
电信	40	41	41	41	41
计算机编程及咨询相关	40	40	39	40	39
金融服务活动	37	38	41	41	41
保险与养老基金	39	39	39	39	39
房地产	N/A	1	1	4	N/A
管理咨询服务	39	39	39	38	37
科学研究与发展	N/A	N/A	N/A	38	38
其他专业科学技术活动	N/A	N/A	34	35	34
行政支助服务	28	27	33	40	40
公共行政与国防	41	42	40	38	39
教育	42	42	41	40	39
健康和社会工作服务	N/A	N/A	40	40	40
其他服务活动	38	37	41	40	41

数据来源:胡宗彪,周佳. 服务业全要素生产率再测度及其国际比较 [J]. 数量经济技术经济研究,2020,37(8):103 – 122.

中国与发达国家按 TFP 水平差距,从大到小排序依次是公共服务业、劳动密集型服务

业、资本密集型服务业和知识密集型服务业。2009 年以来，法国和德国的公共服务业 TFP
变化趋势十分接近，2008 年开始，除日本外的其他国家 TFP 均明显下降，而中国公共服务
业 TFP 逐渐上升，与发达国家的差距有进一步缩减的趋势。对于劳动密集型服务业而言，
法国相对于其他国家更具生产率优势，法国、俄罗斯劳动密集型服务业受 2008 年金融危机
的冲击相对更大。德国、英国、法国和日本资本密集型服务业 TFP 均值为 1.26，而中国为
0.32，说明中国与发达国家还存在明显差距。从知识密集型服务业来看，中国与发达国家的
TFP 差距相比其他类型服务业 TFP 差距要小，说明中国知识密集型服务业生产率相对于其他
类型服务业生产率具有比较优势。

第七章　服务业的开放发展

第一节　服务业开放度测算

一、基于规则的服务业对外开放度测算

（一）关税壁垒

关税税率是贸易开放度测度最为重要的方法之一，原因是关税税率是最明显的贸易调节手段，同时关税数据可得性强。因为关税税率结构的复杂性，因此在用关税测度服务贸易开放度时，经常运用简单平均关税税率、加权平均关税税率、税收总额／贸易总额和有效保护率等指标。随着关税水平在各轮 GATT（WTO）回合谈判中不断降低，非关税壁垒在国际贸易壁垒中变得越来越重要[①]。

（二）非关税壁垒

非关税壁垒指的是关税壁垒以外的其他所有贸易壁垒。因为非关税壁垒范围极其广泛，且性质各不相同，难以进行综合评价；学者们提出了非关税壁垒覆盖率指标，即受非关税壁垒影响的进出口额占总进口额的比重。

（三）关税和非关税壁垒

在利用关税或非关税单一指标测度贸易开放度基础上，一些学者建立了综合指标体系来测度，以反映贸易政策和制度的各个方面。影响力最大的是萨克斯和华纳 Sachs and Warner，1995）建立的 Sachs-Warner（SW）综合指标体系[②]；SW 综合指标体系包括平均关税税率高于 40%、非关税壁垒平均覆盖 40% 进口额、具有社会主义经济体系、对主要出口产品进行国家垄断、20 世纪 70 年代或 20 世纪 80 年代黑市溢价超过 20% 五个分指标。被广泛运用的贸易开放度指标是世界银行（1987）的世界银行外向指数，这一指数基于使用直接的进口限制措施如数量限制、出口刺激持续性、汇率高估和有效保护率几个对外贸易政策强度，将不同的国家从完全外向到完全内向划分为四个层次。

---

①② 周茂荣，等. 对外开放度测度研究述评 [J]. 国际贸易问题，2009（8）：121－128.

二、基于结果的服务业开放度测算

服务业的开放主要体现在服务贸易和直接投资两个方面。一方面，服务业的对外开放，首先意味着对国际服务贸易的积极参与；另一方面，服务业的特殊性决定了直接投资成为各国进入其他国家服务业市场的一种重要方式。

（一）服务贸易开放度测算

贸易依存度是服务贸易开放度测度最常用的指标，计算公式为（服务出口额＋服务进口额）/服务业生产总值（GSP），其具有数据可得性、国家间可比性等优点。由于贸易依存度存在着不能够很好地反映对外贸易政策和制度的开放性等问题，一些学者提出使用贸易额回归方程残差法、要素禀赋模型法、引力模型法等，来反映贸易政策和制度对贸易额的影响。

（二）直接投资开放度测算

直接投资开放度是指一国服务业通过直接投资与世界经济相联系的程度，计算公式为（服务业外来投资额＋服务业对外投资额）/服务业生产总值（GSP）。一方面，一国服务业市场对外资的准入情况反映该国服务业市场对外开放的程度；另一方面，一国服务业对外直接投资的水平反映了该国服务业的竞争力和对国际服务业的参与和影响程度。

（三）服务业开放度测算

服务贸易和直接投资对一国服务业的开放和发展具有不同的含义和作用，同时服务贸易和直接投资在不同国家服务业的对外开放中所占的比重也不尽相同，因此，一些学者为服务业开放的不同项目赋予了相应的权重，从而使测算的服务业开放度能更好地反映一国服务业与世界经济的联系程度，也使服务业开放度的国际比较成为可能。服务业开放度的测算公式为［（服务出口权重×服务出口额）＋（服务进口权重×服务进口额）＋服务业外来投资额权重×服务业外来投资额＋服务业对外投资额权重×服务对外投资额］/服务业生产总值×100[①]。

第二节　服务业开放发展

一、国际服务贸易

（一）国际服务贸易的概念、分类

1. 国际服务贸易的概念。伴随着国际服务贸易的快速发展及其在国际贸易中所占比重

---

①　张一鸣. 论服务业开放度的度量［J］. 江苏商论，2003（5）：9-11.

的持续提高，自 20 世纪中后期以来很多学者和国际组织持续加大了对国际服务贸易的定义、分类和作用等的研究力度，其中世界贸易组织在《服务贸易总协定》中对国际服务贸易的定义与分类是最具权威性和影响力的。

1993 年 12 月，关贸总协定乌拉圭回合谈判达成《服务贸易总协定》，《服务贸易总协定》是第一套有关国际服务贸易的具有法律效力的多边协定，协定于 1995 年 1 月正式生效。《服务贸易总协定》从四个方面定义了国际服务贸易："从一缔约方境内向任何其他缔约方提供的服务；在一缔约方境内向任何其他缔约方消费者提供的服务；一缔约方在其他任何缔约方境内商业存在提供的服务；一缔约方的自然人在其他任何缔约方境内提供的服务。"这一定义也囊括了服务贸易的四种提供方式：

（1）跨境交付。跨境交付是指从一缔约方境内向任何其他缔约方的境内提供服务。这种服务贸易方式的特点是只有服务本身跨越国境，与一般的货物贸易方式相似，如在中国的软件工程师为在日本的客户提供软件设计服务。

（2）境外消费。境外消费是指一缔约方服务的提供者在境内向来自另一缔约方的消费者提供服务。这种服务贸易方式的特点是服务消费者移动到服务提供者境内享用服务，如中国的消费者为旅游、求学、问医移动到美国境内享用相关服务。

（3）商业存在。商业存在是指一缔约方服务的提供者通过在其他任何缔约方境内以商业存在提供的服务。这种服务贸易方式的特点是服务的提供者到缔约方或东道国去设立外商投资企业，通过外商投资企业提供服务，如中国工商银行到英国开设分行提供金融服务。

（4）自然人流动。自然人流动是指一缔约方的服务提供者以自然人身份进入另一缔约方境内提供服务。这种服务贸易方式的特点是服务的提供者移动到缔约方境内直接提供服务，如姚明到美国 NBA 打篮球。

2. 国际服务贸易的分类。关于服务贸易的分类，国际货币基金组织、联合国贸易和发展会议组织、世界贸易组织等国际组织分别进行了分类。这些国际组织对服务贸易的分类相近或相似，比如国际货币基金组织将国际服务贸易分为运输、旅游、通信、建筑、保险、金融、计算机与信息、专利权利使用费和特许费、其他商业服务、个人文化和娱乐服务、政府服务、职工报酬、投资收益 13 类。

世界贸易组织在《服务贸易总协定》中将服务贸易划分为商业服务、通信服务、建筑和相关工程服务、分销服务、教育服务、环境服务、金融服务、健康服务和社会服务、旅游服务、文化娱乐和体育服务、运输服务、其他未包括服务 12 类，并以此为基础进一步细分出 160 多个部门或独立的服务活动。世界贸易组织对国际服务贸易的分类，得到了国际社会的普遍认可。

（二）国际服务贸易发展现状、趋势

1. 国际服务贸易发展现状。2018 年，全球商业服务进出口总额为 11.26 万亿美元，同比增长 7.53%。其中，全球商业服务出口总额为 5.77 万亿美元，同比增长 7.68%；全球商业服务进口总额为 5.49 万亿美元，同比增长 7.37%。在全球商业服务进出口总额前十国家中，见表 7-1，美国排名第一，中国排名第二，德国、英国和法国分别排在第三、第四和第五位；在商业服务进出口总额排名前十国家中，欧洲占半数、亚洲占四席、北美洲占一

第七章 服务业的开放发展

席；同时，商业服务进出口总额排名前十国家的商业服务进出口额占全球性商业服务进出口总额的53.16%。总体上看，2018年全球商业服务进出口总额也基本上反映了全球主要国家的经济和贸易发展情况。

表7-1 2018年全球商业服务进出口总额排名前十国家 单位：亿美元

排名	国家/地区	商业服务进出口总额	商业服务出口额	商业服务进口额	商业服务贸易差额
	世界	112 548.52	57 696.71	54 851.81	2 844.90
1	美国	13 444.59	8 082.24	5 362.35	2 719.8
2	中国	7 856.57	2 650.88	5 205.69	-2 554.81
3	德国	6 752.71	3 256.21	3 496.50	240.29
4	英国	6 022.76	3 727.45	2 295.31	1 432.14
5	法国	5 477.51	2 909.89	2 567.62	342.27
6	荷兰	4 690.54	2 405.15	2 285.39	119.76
7	爱尔兰	4 233.24	2 052.94	2 180.30	-127.36
8	日本	3 853.40	1 873.04	1 980.36	-107.32
9	印度	3 799.23	2 044.75	1 754.48	290.27
10	新加坡	3 704.41	1 837.12	1 867.29	-30.17

数据来源：WTO官网（www.wto.org）。

2018年，全球商业服务进口总额排名前十的国家依次是美国、中国、德国、法国、英国、荷兰、爱尔兰、日本、新加坡和印度。在全球商业服务进口总额排名前十国家中，见表7-2，欧洲占半数，亚洲占四席，北美洲占一席。

表7-2 2018年全球商业服务进口总额排名前十国家

排名	国家/地区	商业服务进口额（亿美元）	占全球比重（%）	同比增速（%）
	世界	54 851.81	100.0	100.0
1	美国	5 362.35	9.77	3.03
2	中国	5 205.69	9.49	12.15
3	德国	3 496.50	6.37	6.19
4	法国	2 567.62	4.68	4.66
5	英国	2 295.31	4.18	10.86
6	荷兰	2 285.39	4.16	10.86
7	爱尔兰	2 180.30	3.97	8.69
8	日本	1 980.36	3.61	3.78
9	新加坡	1 867.29	3.40	3.01
10	印度	1 754.48	3.19	13.95

数据来源：WTO官网（www.wto.org）。

2018 年，全球商业服务出口总额排名前十的国家依次是美国、英国、德国、法国、中国、荷兰、爱尔兰、印度、日本、新加坡，见表 7 - 3。在全球商业服务出口总额排名前十国家中，欧洲占半数，亚洲占四席，北美洲占一席。重点强调的是，中国在此项目排名中位居第五位，这也说明中国商业服务出口的竞争能力还不够强，有很大的提升空间。

表 7 - 3　　　　　　　　2018 年全球商业服务出口总额排名前十国家

排名	国家/地区	商业服务出口额（亿美元）	占全球比重（%）	同比增速（%）
	世界	57 696.71	100.00	100.00
1	美国	8 082.24	14.00	3.83
2	英国	3 727.45	6.46	5.57
3	德国	3 256.21	5.64	7.33
4	法国	2 909.89	5.04	6.21
5	中国	2 650.88	4.59	17.09
6	荷兰	2 405.15	4.16	11.44
7	爱尔兰	2 052.94	3.55	14.34
8	印度	2 044.75	3.54	10.72
9	日本	1 873.04	3.24	3.14
10	新加坡	1 837.12	3.18	6.62

数据来源：WTO 官网（www. wto. org）。

2. 国际服务贸易发展趋势。

（1）服务贸易成为全球贸易增长源。据世界贸易组织发布的《2019 年世界贸易报告》显示，2005 年以来，全球服务贸易平均每年增长 5.4% 左右，超过货物贸易平均每年 4.6% 的增速；到 2040 年，全球服务贸易规模将提高 50%，服务贸易占全球贸易比重将上升到 1/3。2018 年，全球服务贸易占全球对外贸易比重为 22.22%，据此推算全球服务贸易发展前景广阔、潜力巨大。

从我国情况看，2015～2019 年，我国服务贸易规模由 4.08 万亿元增长到 2019 年的 5.42 万亿元，年均增速达 6.32%，远高于中国同期货物贸易年均 1.64% 的增速；服务贸易占对外贸易比重为 14.67%，与当前全球服务贸易占全球对外贸易平均 23% 比，相差 8.33 个百分点，服务贸易发展空间巨大。

（2）服务贸易发展孕育新动力和新形态。制造业升级为服务贸易发展提供有效驱动能力。中国、印度等新兴工业化国家制造业产业链和价值链的升级，将极大地促进生产性服务业的发展；生产性服务业发展能力和发展质量的提升，将为服务贸易发展提供内源性的强大动力。目前，在美国等发达国家服务贸易中，生产性服务占比达到 70%。

数字经济为服务贸易蓬勃发展提供坚实基础。一方面，数字的产业化为服务贸易提供了丰富多样（如数字音乐、数字视频、数字图书、数字动漫等）的数字化产品，服务产品的可贸易性大幅提升；另一方面，传统产业的数字化，使远程医疗、在线教育、线上咨询等服务模式蓬勃发展，服务贸易进入了持续快速发展的轨道。

（3）服务贸易模式和主体呈现新变化。跨境交付将成为全球服务贸易的主要模式之一。在服务贸易四大模式中，商业存在是全球服务贸易的主要模式，根据世界贸易组织统计，以商业存在模式提供的服务贸易约占全球服务贸易总额的 55%，这与全球国际直接投资（FDI）60% 以上流向服务业的情况相一致。随着 5G、大数据、云计算、人工智能和互/物联网等新技术的广泛应用，服务产品交付的便利性和低成本性将为跨境交付服务贸易模式开创巨大的发展空间。

跨国公司增强了对全球服务增值环节的掌控能力。跨国公司是全球产业布局和跨境贸易投资的推动者，他们凭借资本、技术和专利等优势不断集聚资源，持续提升了服务业和服务关键增值环节的竞争力。数据显示全球 500 强企业中，20% 跨国制造企业的服务收入超过总收入的 50%。在高附加值服务市场中，跨国公司服务集中度更趋突出。以云服务市场为例，全球基于亚马逊、微软、谷歌和阿里云四大巨头的云服务，合计市场份额全球占比提高至 2019 年的 59.9%。

（4）服务贸易格局和结构呈现新特征。发达国家虽然仍占主导地位，但发展中国家重要性日益提升。美英法德荷等国是世界主要的服务出口国，以美国为例，2018 年美国服务出口占全球份额达 14.2%，大幅领先其他国家且仍持续稳定增长。与此同时，中国、印度等新兴经济体的服务出口能力也大幅提升，以中国为例，中国服务出口额从 2015 年全球第 10 位提升到 2018 年第 5 位；随着中印等国承接服务外包能力和信息技术服务等能力的持续快速提升，发展中国家在全球服务贸易中的份额持续提高。

传统服务贸易占比持续下降，现代服务贸易占比持续提升。旅游、运输和建筑服务在全球服务贸易中占据重要地位，但近年来占比一直呈现下降趋势。以旅游和运输服务为例，自 2005~2018 年，它们占比分别下降 1.7 个和 4.3 个百分点。与此同时，技术和知识含量高、附加值高的计算机与信息和电信服务、金融服务、管理咨询服务、知识产权服务等占比上升，成为各国关注和着力发展的主要领域。

二、国际服务外包

（一）国际服务外包的定义、分类和动因

1. 国际服务外包的定义。服务外包是指以信息技术为依托，将由原来组织内部完成的服务活动通过合约的形式交由外部厂商完成，从而实现降低成本、提升效率、增值的一种中间服务品贸易。服务外包分为在岸服务外包和离岸服务外包，国际服务外包指的就是离岸服务外包，离岸服务外包属于跨境交付的服务贸易。

2. 国际服务外包的分类。按照服务外包的业务性质，将服务外包分为信息技术服务外包、业务流程服务外包和知识流程服务外包三种类型。

（1）信息技术服务外包（information technology outsourcing，ITO）。信息技术服务外包

是指将组织内部的 IT 技术支持和专业服务全部或部分交由外部厂商来完成，如表 7 - 4 所示。

表 7 - 4　　　　　　　　　　　信息技术服务外包的主要业务内容

分类	内容
IT 系统操作服务	数据（银行客户信息、保险数据、医疗数据、税务数据）的采集、整合和处理业务。数据中心的业务是信息技术外包中最大的细分市场
IT 系统应用管理服务	信息工程和流程设计，管理信息系统服务，远程维护
IT 技术支持管理服务	技术研发、软件开发和设计，基础技术、管理平台的集成

（2）业务流程服务外包（business process outsourcing，BPO）。业务流程服务外包指的是组织将自身基于信息技术的业务流程委托给外部专业化服务提供商，由其按照服务合约进行管理、运营和维护，如表 7 - 5 所示。

表 7 - 5　　　　　　　　　　　业务流程服务外包的主要业务内容

分类	内容
内部管理	企业内部支持性功能包括人力资源管理、工资薪酬管理、会计、财务以及后勤行政
业务运营	技术研发、营销工作、客户资源管理（售前、售后服务）
供应链管理	向客户提供完整的物流方案（采购、仓储、运输、客户服务），方案的设计和实施

（3）知识流程服务外包（knowledge process outsourcing，KPO）。知识流程服务外包指的是组织通过外部运营商广泛利用全球数据库及监管机构等的信息资源获取信息，并以其对信息进行即时、综合分析研究所形成的报告作为决策的依据，见表 7 - 6。

表 7 - 6　　　　　　　　　　　知识流程服务外包的主要业务内容

分类	内容
商务服务	知识产权服务、数据分析服务、管理咨询服务、检验检测服务、法律流程服务、其他商业服务等
技术服务	工业设计服务、工程技术服务、其他技术服务
研发服务	医药和生物技术研发服务、动漫和网游设计研发服务、其他研发服务等

3. 国际服务外包的动因。

（1）企业内部降本增效的动因[①]。一方面，服务外包通过有效节省成本来提高企业绩效。

---

① 陈菲，服务外包动因机制分析及发展趋势预测——美国服务外包的验证 [J]. 中国工业经济，2005 (6)：67 - 73.

第七章　服务业的开放发展

减少投入、降低成本是企业提高绩效最原始的手段，根据美国外包研究机构的估计，服务外包能够为企业带来9%的成本节省。成本节省的途径，一是来自供应方的规模经济节省成本，二是来自供应方的范围经济节省成本，三是来自供应方的学习效应节省成本。另一方面，服务外包通过关注核心竞争力来提高企业绩效。发包企业为提高企业绩效，将人财物等资源和管理注意力集中到企业核心业务竞争力的培育和形成上，通过培育强大的核心竞争能力阻止现有或潜在竞争者进入企业的核心利益领域，从而保护市场份额、增强战略优势、提升企业绩效。

（2）企业外部营商环境持续变化的动因。信息技术和互联网发展使服务外包成为可能。一是互联网的延展性和灵活性使地理位置、自然资源对企业的约束化于无形，市场可以无限制地延伸到任何时间、任何地方，从而为服务外包跨越时空障碍提供技术支持。二是计算机技术、通信技术、光电子技术、自动控制技术和人工智能技术等的发展大幅度降低信息处理的成本，增加信息储存的容量，提高信息的传播速度，消除人们收集和应用信息的时空限制，保证信息传输的安全可靠，为服务外包各方参与者之间方便、快捷、安全地交流和传递信息提供技术支持。三是基于计算机技术、仿真技术和信息技术建立的决策支持系统帮助企业决策者以最快的方式尽可能多地获得有关企业内外部及企业之间的信息，及时对这些信息进行综合处理，为服务外包管理者准确快速的决策形成提供技术支持。另外，经济全球化使服务外包成为现实。经济全球化带动资本、信息、技术、劳动力、资源在全球范围内流动、配置和重组，使生产、投资、金融、贸易在世界各国、各地区之间相互融合、相互依赖、相互竞争和制约，整个世界连接成一个巨大的市场；任何企业想在此浪潮中"闭关自守"是注定要失败的，只有通过服务外包与别的企业建立战略联盟，协调合作，互惠互利，才能获得长久竞争优势，享受全球化带来的胜利成果。同时，市场竞争激烈使服务外包成为必然。市场环境迅速变迁迫使企业采用服务外包战略。通过服务外包，企业以网络技术为依托，把具有不同优势资源的合作方整合成反应快速、灵活多变的动态联盟，各方资源共享、优势互补、有效合作，共同应对激烈而严峻的市场挑战。市场变迁越剧烈，服务外包程度越高。

（二）国际服务外包发展的现状与趋势

1. 国际服务外包发展的现状。2019年，全球离岸服务外包执行额为13 964.9亿美元，同比增长5.4%。其中，全球离岸信息技术外包（ITO）规模为5 798.8美元，占比为41.5%；离岸业务流程外包（BPO）规模为2 863.8亿美元，占比为20.5%；离岸知识流程外包（KPO）规模为5 302.0亿美元，占比为38%。[①]

2019年，全球服务外包主要发包国主要有美国、德国、法国、荷兰、日本和中国等，其中美国是全球最大的离岸发包国，2019年美国服务外包离岸发包额为1 461.5亿美元，同比增长3.1%；中国是亚太地区第二大离岸发包国，2019年服务外包离岸发包额为585.2亿美元，同比增长11.1%。从全球服务外包接包国看，主要有印度、中国、爱尔兰、菲律宾、越南和马来西亚等；其中，印度服务外包以信息技术—业务流程管理（IT－BPM）为主、2019年离岸外包额执行额为1 370亿美元，爱尔兰以ITO服务外包为主、2019年离岸服务

---

① 数据来自于《中国服务外包发展报告2020》。

外包执行额为897.1亿美元。[①]

2. 国际服务外包发展趋势。

（1）国际服务外包规模持续扩大。根据中国服务外包研究中心的测算和预测，2021~2025年，国际服务外包执行额年均增速将超过7%，到2025年国际服务外包执行额有望达到2万亿美元。一方面，发达国家国际发包规模将保持增长态势，2025年美国、欧盟和日本国际发包规模将分别达到1700亿美元、7500亿美元和650亿美元；另一方面，发展中国家国际发包有望快速增长，2025年"一带一路"共建国家在传统基础设施和数字化领域国际发包将比2021年增长40%左右[②]。

（2）国际服务外包产业高端化升级加速。国际发包动因从"自己不愿干、节省成本"向"自己不能干、寻求解决方案、创造新价值"转变，越来越多的劳动密集型服务被智能服务所取代；另外，服务供应商将不断加大研发投入，持续提升综合创新能力，通过创新技术和交付模式等引领需求，在产业升级合作中发挥更重要作用。

（3）数字交付能力成为发包方决策的重要变量。随着数字技术的发展与应用，国际发包企业将更倾向于选择"高度网络化"的数字中心，以便依托大数据、云计算、物联网和人工智能数字技术，构筑强大的项目交付及技术研发能力，提高自主知识产权拥有能力，帮助客户跨越"数字鸿沟"，成为相关行业数字化转型的可信赖合作伙伴。

（4）近岸/友岸国际服务外包将快速发展。客观上，随着新冠疫情发生和持续的影响，国际供应链受阻和断裂，导致产业链向区域化、本土化和分散化发展；主观上，贸易保护主义和孤立主义的抬头，使得新区域主义再次兴起，强化区域内成员国之间产业的分工与合作成为必然选择，因此近岸/友岸外包成为国际发包企业的优先选项。

三、国际数字服务贸易

（一）国际数字服务贸易的概念和分类

1. 国际数字服务贸易的概念。

（1）数字贸易的概念。数字贸易一词，2013年首次出现在美国国际贸易委员会《美国和全球性经济中的数字贸易》报告中，报告认为数字贸易是依托互联网为基础，以数字技术为手段，利用互联网传输产品以及服务的商业活动。2015年，欧盟公布的《数字单一市场》报告认为，数字贸易是利用数字技术向个人和企业提供数字产品和服务。2018年，日本《通商白皮书》认为，数字贸易是基于互联技术向消费者提供商品、服务与信息的商务活动[③]。

综上，我们认为，数字贸易是指运用和基于互联网技术开展的货物、服务和数字等交易、资金结算和送达的商业活动。

---

① 数据来自于《中国服务外包发展报告2019》。
② 数据来自于《中国服务外包发展报告2020》。
③ 蓝庆新，窦凯．美欧日数字贸易的内涵演变、发展趋势及中国策略［J］．国际贸易，2019（6）：48－54．

（2）国际数字服务贸易的概念。根据数字贸易的概念，我们可将国际数字服务贸易定义为运用和基于互联网开展的跨境服务和数字等交易、资金结算和送达的商业活动。

2. 国际数字服务贸易的分类。国际数字服务贸易可分为服务贸易的数字化和数字的贸易化两个方面。

（1）服务贸易的数字化是指运用互联网达成的服务交易、资金结算和服务送达的商业活动，即服务的跨境交付，也可将其称为服务的跨境电商。服务的跨境交付包括服务贸易的跨境交付和其他服务的跨境交付两个方面，具体情况如表 7-7 所示。

表 7-7　　　　　　　　　可运用互联网开展的服务跨境交付情况

一级指标	二级指标	具体内容
服务贸易的跨境交付	可全部跨境交付的服务贸易	1. 电信、计算机和信息服务 2. 其他商业服务 3. 知识产权服务 4. 金融服务 5. 保险和养老金服务 6. 文化和娱乐服务
	可部分跨境交付的服务贸易	1. 旅游、运输、建筑等服务可部分实现跨境交付，如旅游服务中的景点门票、酒店床位、车船机票的线上订购等 2. 维修维护和政府服务等可部分实现跨境交付
其他服务的跨境交付	现代服务的跨境交付	教育、医疗等服务的在线交付
	新兴服务的跨境交付	

（2）数字的贸易化。数字的贸易化是指基于互联网技术开展的数字服务交易、资金结算和送达的商业活动。数字的贸易化包括数字技术服务、数字内容服务和数字平台服务的贸易化等，具体情况见表 7-8。

表 7-8　　　　　　　　　技术、内容和平台服务的数字化情况

一级指标	二级指标	具体内容
数字技术服务	数字工具服务	软件产品和软件许可服务等
	计算机服务	软件产品出售和软件使用许可服务等
	互联网服务	系统维护和其他支持服务、数据处理服务、数据库服务、咨询服务等
	大数据服务	文件传输服务、信息浏览服务、名址服务等
	云计算服务	数据采集、传输、存储、处理、交换、销毁等服务
	区块链服务	包括 IaaS、PaaS、SaaS 提供的服务
	人工智能服务	人脸识别、机器翻译、医学图像处理、无人驾驶等
	通信服务等	包括 5G 通信、卫星通信等

一级指标	二级指标	具体内容
数字内容服务	数字传媒	数字化的文字、图形、图像、声音、视频影像和动画等
	数字娱乐	数字影视、数字音乐、数字游戏、数字动漫等
	数字学习	数字学习内容制作、课程服务等
	数字出版等	数字图书、数字报纸、数字期刊、网络原创文学、网络地图、数据库出版物等
数字平台服务	跨境电商平台	广告服务、交易服务等
	工业互联网平台	数据服务、算法服务、安全服务等
	社交媒体平台	广告服务、新闻服务、科技金融服务等
	搜索引擎平台等	广告服务、信息服务等

(二) 国际数字服务贸易的发展现状和趋势

1. 数字服务贸易的发展现状。2019 年,全球性数字服务(指服务贸易数字化,下同)出口规模达到 31 925.9 亿美元,同比增长 3.75%,数字服务出口规模占服务出口总额的 52.0%。2019 年,发达经济体、发展中经济体、转型经济体的数字服务出口规模分别为 24 310.0 亿美元、7 203.9 亿美元、411.9 亿美元,发达经济体在数字贸易中占支配地位。其中,美国数字服务出口 5 341.8 亿美元,排名全球第一;中国数字服务出口 1 435.5 亿美元,排名全球第八[①]。

2. 数字服务贸易的发展趋势。

(1) 数字服务贸易模式和业态将持续丰富和发展。按世界贸易组织分类,服务贸易包括自然人流动、商业存在、跨境支付和境外消费四种模式;随着互联网、大数据、云计算、区块链、人工智能等数字技术的蓬勃发展,数字服务贸易模式呈现新变化,如服务的线上交付、服务的在线交付等。与此同时,数字服务贸易的新业态也持续涌现,如在线服务(包括线上授课和在线医疗等)、平台服务(包括云服务和社交媒体服务等)。

(2) 数字服务贸易领域的竞争更加激烈。数字贸易不仅是对外贸易的新增长点,也是数字经济增长的改动机,世界各主要经济体都给予其高度关注并上升为国家战略。为此,世界主要大国对先进的数字技术进行激烈的争夺,希望在全球数字服务领域争得先发优势和超强能力。2018 年以来,美国对中国发动的贸易战、技术战,对中国多家有国际影响力的数字技术企业实施的无端制裁,充分反映了这一领域的竞争烈度。同时,世界主要大国对国际数字服务贸易规则制定的影响力和话语权也展开了激烈的竞争,原因是一个国家在数字服务贸易规则制定的影响力大和话语权多,就更容易通过规则的制定维护和保持其自身优势地位,掌控国际数字贸易的主导权。

---

① 中国信通院,中国信通院数字贸易发展白皮书(2020 年),网址:www.caict.ac.cn。

第八章　服务业的发展规制与政策

服务业作为制度密集型行业决定了政府进行规制的必要性，政府通过法律、法规、行业规范和政策措施对服务业实施规制。

第一节　服务业规制的基本知识

一、服务业进行规制的原因

（一）服务业规制的定义

规制，也称管制，其英文原意是指有系统地进行控制使之遵守规则或符合标准。就服务业规制而言，是指立法或政府部门对服务业市场主体的经济活动进行的某种限制或规定，如市场的进入和退出、价格的制定和调整、服务的数量和质量等。

（二）服务业规制的原因

规制是现代市场经济体制的重要组成部分，也是市场经济顺利、有效运行的必要条件。对服务业发展进行规制，不仅能够纠正服务业市场供应商和消费者交易过程中存在的信息不对称、道德风险以及自然垄断等市场失灵的问题，也可提高资源配置效率，实现社会福利最大化；当然，也有利于规避服务业开放过程中所带来的金融安全、信息安全、文化安全和生物安全等问题。

事实上，对服务业进行规制也并不是一试就灵、百试百灵；市场有失灵，政府也会失灵，政府规制也会缺乏效率。改革开放以来，我国服务业的发展，也经历了对电信、航空、邮政等自然垄断部门放松价格管制、引入竞争机制、实行市场定价的发展进程，实践证明合理有效的放松管制能够更好地实现资源配置。从全球服务业发展实践看，放松管制也成为很多经济体服务业发展的一种必然选择。

二、服务业规制的类型

服务业规制主要包括准入和退出规制、价格规制、标准规制（包括技术标准、质量标准等）和其他规制（包括安全规制、环境规制等）。这里主要介绍服务业准入规制和价格规制。

（一）准入规制

市场准入规制是由政府部门制定的关于经济主体进入市场的相关法律法规、政策措施和制度规定等，市场准入规制是一个国家保护本国市场、抵抗外来竞争的基本手段。服务业市场准入规制的内容主要包括服务企业在进入某个行业时要符合该国家的进入许可和相关许可要求，服务人员跨境提供某项服务时要取得当地相应执业资格证的要求，服务业企业的注册资金、注册场所、经营地点、法人代表等要符合政府的要求，服务活动要符合相应的行政和税务要求，某些特殊服务行业资金的来源和比例要符合政府的要求等[①]。

目前，发达国家在市场准入方面普遍实行的是负面清单制；2017 年，为实现营商环境的市场化、法制化和国际化，我国在市场准入方面也实行了外商投资准入负面清单制。

（二）价格规制

价格规制是指在具有自然垄断性质的服务产业中，政府为限制企业制定垄断高价和实现资源的有效配置而对价格水平进行的管制。在市场经济中，价格关系是一切经济利益关系的焦点，价格行为是一切经济行为的核心。市场之所以能起到优化资源配置的作用，主要是通过反映价值规律、供求规律、竞争规律的价格来实现的。因此，价格管制是政府实现公用事业管制最直接和最重要的手段。

第二节　各国服务业发展规制与政策

一、美国服务业发展规制与政策

（一）美国服务业发展规制

1. 放宽对服务业管制。美国是自由市场经济的代表，信奉自由竞争能够促进产业发展。美国从 20 世纪 70 年代，开始了以放松管制为主要内容的管制改革。主要措施是放松管制，主要包括：放松对定价权的管制，放宽或取消最低限价和最高限价，逐步减少价格管制所涵盖的服务产品范围；放宽或取消市场准入管制，如逐步放宽对运输业、邮政业、金融业、电信业等的管制；打破行业垄断，维护市场竞争秩序和社会公共利益，限制过度竞争和不正当竞争，防范可能对经济社会造成危害风险等。

2. 健全服务业法律法规。美国政府非常重视运用法律手段对服务业进行监管，制定出台了一系列服务业法律法规，如《国际银行法》（1978 年）、《航运法》（1984 年）、《金融服务公平交易法》（1995 年）、《电信法》（1996 年）、《有关竞争者之间进行合作的反拖拉

---

① 伍雅芸. 中国服务业规制对服务业对外开放的影响 [D]. 广州：广东外语外贸大学，2021.

斯准则》（2000 年）等。每个具体的服务行业领域均有比较完善的法律法规体系，涵盖了行业管理、行业监管甚至技术层面；以美国信息服务业为例，其法律体系包括《联邦政府信息资源管理条例》《信息自由法》《电子情报自由法》《计算机软件保护法》《版权法》《计算机欺诈与滥用法》《高性能计算法》等，为服务业的有效发展提供法律保障。

3. 推动国际服务贸易自由化。为了促进服务产品出口，美国通过大力促进《服务贸易总协定》《金融服务协议》《基础电信协议》等全球服务贸易自由化和便利文件签署，积极推进《北美自由贸易协议》签署和亚太经合组织贸易自由化进程等，为服务业扩大出口市场提供制度保障。

（二）美国服务业发展政策

1. 制定计划支持重点服务业发展。20 世纪末，网络技术的迅猛发展，为信息服务产业化空间开拓了广阔的前景，创造了有利的拓展条件。为推动美国高新技术产业特别是信息产业快速发展，美国政府先后制定和实施了《高性能计算与通信计划》（1992 年）、《国家信息基础结构计划》（1993 年）、《全球信息基础设施行动计划》（1994 年）、《新一代互联网计划》（1996 年）和《21 世纪的信息技术计划》（1999 年）等，通过这些信息技术领域中长期科学技术发展规划和计划的实施推动了美国信息服务产业的快速发展，使美国一举成为全球信息服务产业发展的标杆和高地。

进入 21 世纪以来，美国政府聚焦大数据、数字和人工智能等前沿技术领域，先后制定和发布了"联邦大数据研究与开发战略计划"（2016 年）、《国家人工智能研究和发展战略计划》（2019 年）、《为人工智能的未来做好准备》（2020 年）和《美国机器智能国家战略》（2021 年），使美国成为全球数字和智能服务产业的先锋和领导者。

2. 出台财税政策支持服务业发展。（1）为服务业技术创新给予税收减免。美国是最早对 R&D 实施税收优惠的发达国家。自 20 世纪 50 年代开始，美国政府先后在《美国税法典》《美国国内收入法典》《经济复兴税收法案》（1977 年）等规定对企业和跨国公司的研究与开发费用实行税收减免等优惠政策，政府允许企业将与高新技术有关的研究或试验支出直接作为可扣除费用予以抵扣，而不作为资本支出。以《经济复兴税收法案》的规定为例，当年研究与开发支出超过前 3 年的研究与开发支出平均值的，其增加部分予以 25% 的税收抵免，该项抵免可以向前结转 3 年、向后结转 15 年。除此之外，美国政府还专门为小型企业技术创新制订直接财政援助计划，促进小型企业技术创新和研究机构科技成果及时转化等。

（2）为新兴服务行业发展给予税收免税。美国是全球电子商务服务业发展程度和普及率最高的国家，为支持电子商务服务的发展，1996 年美国政府制定和实行了电子商务国内交易零税收和国际交易零关税方案；同年，美国财政部发表了《全球电子商务选择性的税收政策》，提出对电子商务服务业征税要做到中性，各国运行国际税收原则相一致，不对电子商务开征新消费税或增值税；1998 年又颁布《电子商务法案》，明确对互联网接入费实行免征消费税，2001 年又延长了互联网免税的期限。

3. 培育和集聚人才保障服务业发展。（1）深入开展教育和培训工作。教育方面，美国联邦政府大力支持基础教育和高等教育的发展，积极促进教育和就业的紧密结合；1994 年，美国通过《面向就业的教育机会法》，为州和社区提供资金，以鼓励地方教育机构、雇主、社区组织、家长和学生间的合作，从而使越来越多的人能够接受良好的教育，为经济和社会发展提供优质人力资源。培训方面，美国政府颁布《人力开发和培训法》（1962 年）、《劳动力投资法》（1998 年）等法规，一方面为失业和未充分就业的劳动者提供培训，也对培训机构的培训标准和培训服务进行了相应规定；同时，对各大企业为在职工人和技术人员培训支付的费用进行了明确的规定，不得低于企业利润的 5% 等。

（2）重视科技服务人才的引进、培育和激励。美国有着良好的开放包容理念，强大的经济实力，优良的科技环境，对世界各国人才有着巨大的吸引力。美国政府通过制定和实施《富布赖特计划》《共同教育和文化交流》《国际教育法》《优秀留美学生奖学金制度》等访学和留学政策，吸引了全球各国的优秀学生到美国留学；同时，美国实行的"绿卡制"等相关政策措施，不仅营造了公平竞争的就业和创业环境，也为来自不同国家和地区的人才提供了充分的权利保障。美国集聚全球优秀人才的政策和措施，网罗了世界各地的优秀人才，充实了美国科技人才储备，为美国服务业、特别是科技服务业的持续和高质量发展提供了人才保障。

二、日本、韩国服务业发展规制与政策

（一）日本服务业发展规制与政策

1. 渐进开放服务业市场。为促进服务业的发展，日本政府走了一条渐进式开放服务业市场的发展道路；同时，针对不同服务行业的发展状况及特点制订了不同的开放发展计划。如对旅游服务业实施的是完全开放的发展战略，降低市场准入要求，通过吸引外资促进旅游服务业发展；对垄断经营的电信业引入竞争机制，通过政策措施引导和推动电信业体制改革和开放发展。但对有些服务业如零售业在逐渐开放的前提下，还是通过立法加以保护；即使外资最终能够进入日本零售业市场，外国企业还要接受许多具体的经营条件，只有达到要求的条件，才有资格开业经营。

2. 制定服务业法律法规。制定法律法规，为服务产业发展提供保障。为促进电子产业的发展，1957 年日本政府颁布了第一部促进信息产业发展的法律——《电子工业振兴临时措施法》；为促进物流业的发展，1990 年日本颁布《物流法》；为促进 IT 产业发展，2000 年日本颁布《IT 基本法》；为促进电子商务发展，2001 年日本颁布了《电子消费者合同以及电子承诺通知民法特例法》《电子签名与认证服务法》等。这些法律法规的制定和颁布，有利地促进了服务产业的发展。

3. 制定产业发展战略规划和扶持政策。为有效推进服务业发展，一方面日本政府制定了服务业各领域发展规划，如 1996 年制定和通过了《科学技术基本计划》，明确规定了日本向"高度信息化大国"发展；2000 年，又制定了《IT 产业发展战略规划》，为日本 IT 产业的快速发展提供了战略指引。另一方面，日本政府出台了服务业发展财政、金融等扶持政策措施，加大了对服务业信息基础设施、研究开发和人才培训的财政资金投入力度。

（二）韩国服务业发展规制与政策

1. 放松对服务业的管制。韩国政府为适应全球服务贸易自由化，促进服务业的发展，不断放松了对服务业的管制。一方面，有计划地逐步开放服务业市场，如电信市场方面，自20世纪90年代以来，开放了电信市场，准许外资进入基础电信服务，并且取消了对从事电信的公司数量的限制；再比如，对零售业服务市场开放作出承诺，制定了开放该市场的三阶段战略，规划在2010～2020年间取消对销售服务的限制。另一方面，于2004年撤销了阻碍服务业市场竞争的43项政策限制，为服务业的发展创造了良好的制度环境。

2. 通过立法支持产业发展。韩国重视以立法的形式促进服务业的发展。如在科技研发方面，韩国政府先后颁布了《韩国科学技术研究所扶持法》（1966年）、《技术开发促进法》（1972年）、《特定研究机构扶持法》（1973年）等法律法规，按照这些法律规定政府直接出资设立了许多研究所，进行国家重点科研项目的开发与实施；再如在人力资源开发方面，韩国政府先后颁布了《国家技术资格法》（1973年）、《技术劳务育成法》（1973年）、《职业培训特别法》（1974年），强制规定企业开展员工技能培训，专门设立韩国高等科学院负责开展研究开发先导型人才的培养等。

3. 制定产业发展规划与扶持政策。韩国政府重视对服务业发展的规划引领和政策扶持。在服务业发展规划方面，2005年制定了通信、广告、教育和医疗等26个服务业部门发展计划，2006年制定了《加强服务业竞争力推进计划》，为服务业的发展提供了规划指引。在服务业发展政策方面，韩国政府为服务业的发展提供了财政、税收、金融和人才方面的支持；在税收方面，韩国政府规定自2002年起对属于服务业中小企业及创业型中小企业实行税收减免的税种由6个增加到18个，对于高新技术服务业投资企业，中央政府所征收的所得税和法人税从原定开始征收起5年全免改为7年全免等，此外韩国政府还相继实行了一些配套税收优惠政策。

第三节　中国服务业发展规制与政策

我国服务业发展滞后的原因很多，服务业规制和政策也是主要原因。在服务业发展规制方面，源于计划经济体制，服务业进入门槛高、管理制度多、垄断经营严重、对外开放程度低，导致市场化程度低、专业化程度低、市场主体竞争力低等。

一、中国服务业发展规制

以1978年中国开始改革开放为分界线，改革开放前中国实行的是计划经济体制，服务业与制造业和农业一样存在严格的规制管控；改革开放后，中国政府在大幅放松对农业和工业管制后，逐步开始放松对服务业的管制，实施过程始终贯穿着对内放松管制、对外放开边界两条主线。

（一）对内放松管制

1. 逐步放开价格管制。1983 年 3 月 5 日，中共中央、国务院发布《关于发展城乡零售业、服务业的指示》，指出"在价格管理上，要在国家物价政策指导下，发挥市场调节作用，做到有活有管，优质服务……，对于议价经营的商品，可以随行就市……对于费工费时，技术要求高，特殊性服务，以及名优名菜等，可以实行优质优价……"开启了中国服务业价格市场化改革的大幕。

1992 年 6 月 16 日，中共中央、国务院发布《关于加快发展第三产业的决定》，指出"遵循价值规律，改革价格体系，解决第三产业长期存在的价值补偿不足问题。除少数确实需要由国家制定价格和收费标准的以外，第三产业的大部分价格和服务收费标准要放开，分别情况实行浮动定价、同行议价或自行定价，以形成合理的比价关系。"

2014 年，国家发展改革委发出通知，决定放开专利代理服务、报关服务、自愿性产品认证、质量环境体系认证、航危天气报服务、煤炭地质勘探、金银饰品委托检验、回国人员科研启动基金评审、涉外收养服务、红十字卫生救护培训、房地产咨询服务，以及除政府投资项目和政府委托服务以外的建设项目前期工作咨询、工程勘察设计、招标代理、工程监理 15 项收费标准，实际市场调节价，由供需双方依据服务质量、成本和市场供求状况协商确定收费标准，政府不再直接管理价格，以便发挥市场对价格形成的决定作用，实现有效竞争，市场主体的活力被激发出来。

2. 放宽市场准入。1992 年中共中央、国务院发布《关于加快发展第三产业的决定》，充分调动各方面的积极性，国家、集体、个人一起上。要放手让城乡集体经济组织和私营企业、个人兴办那些投资少、见效快、劳动密集、直接为生产和生活服务的行业，对国民经济发展具有全局性、先导性影响的基础行业主要由国家办，但也要引入竞争机制，在统一规划、统一管理下，动员地方、部门和集体经济力量兴办。加快发展第三产业，主要应依靠社会各方面力量，坚持谁投资、谁所有、谁受益的原则，不能过多依赖国家投资。

2001 年 12 月 3 日，《"十五"期间加快发展服务业若干政策措施的意见》提出放宽服务业市场准入，积极鼓励非国有经济在更广泛领域参与服务业发展，与国有经济在更广泛的领域参与服务业发展，与国有经济实行同等待遇；加快铁路、民航、通信、公路事业等行业管理体制改革，放宽外贸、教育、文化、中介服务等行业市场准入的资质条件。

（二）对外放开边界

对外放开边界主要包括放开"边界间"和放开"边界内"两个方面。

1. 放开"边界间"允许外资准入。1979 年，全国人大制定颁布了《中华人民共和国中外合资经营企业法》，允许外国企业来华投资合作经营企业，国外企业投资开厂促进了食宿餐饮和航空运输业的发展，1983 年中国第一家中外合作的五星级宾馆——广州白天鹅宾馆开门营业。20 世纪 90 年代，为加入世贸组织，中国政府发布了一系列支持服务业对外开放的政策措施，如 2000 年发布的外商投资许可规定允许外商以中外合资的方式投资电信行业、在股权比例方面中方要有绝对的控股权，中国服务业市场边界开始放开。2001 年 12 月，我国加入世界贸易组织；同月，国务院发布的《"十五"期间加快发展服务业若干政策措施的意见》决定有步骤地进一步放开银行、保险、证券、电信、医疗、国际货运代理等领域。到 2006 年，中国入世时服务业市场边界开放的承诺已经基本落实到位。

2. 放开"边界内"允许外资准营。服务业边界内的开放，涉及的主要是服务业监管规制的放松，比如允许外资从事金融服务业的某一具体领域业务等。2015 年 3 月，商务部和国家发展改革委发布《外商投资产业指导目录》，放宽了外资进入服务业一些具体领域如房地产等的限制，明确了负面清单的实行时间。2017 年 8 月，国务院发布《关于促进外资增长若干措施的通知》，放宽 12 个领域的准入，进一步减少了外资准入的限制；此后，中国服务业全面实行负面清单管理模式，大幅减少了服务业市场的准入准营门槛，扩大了服务业的对外开放。到 2021 年，中国政府连续 4 年修改《外商投资准入特别管理措施（负面清单）》，限制措施与 2017 年相比累计减少近 2/3，服务业制度型开放的格局逐步形成。

二、中国服务业发展政策

从 20 世纪 70 年代末以来，中国服务业发展政策变迁经历了思想认识、出台政策、制定规划和政策几个阶段①。

（一）服务业发展的思想认识期（1978～1991 年）

中国对产业政策的认识经历了计划经济体制、由计划经济体制向市场经济体制转轨两个时期。改革开放之初的 1981 年，中国报刊首次宣传要发展第三产业，发展第三产业进入了政府的议事日程。1985 年 4 月，国务院办公厅转发国家统计局《关于建立第三产业的统计报告》，确定了第三产业在国民经济中的地位，明确了大力发展第三产业的方针；同年，国家统计局开始使用 GNP 为统计指标，发布了第三产业统计数据，正式使用"第三产业"术语，为出台服务业发展政策奠定了思想基础。

（二）服务业发展的政策加快出台期（1992～2008 年）

改革开放以来，中国第一产业、第二产业有了快速的发展，但第三产业发展相对滞后，其结果是较低的服务业发展水平不仅无法满足第一产业和第二产业的中间性生产需求，也无法满足人们对旅游休闲、文化娱乐、教育医疗等方面的最终消费需求。在这一背景下，中共中央、国务院、国家部委颁布和出台文件，积极推动服务业发展。

1. 中共中央、国务院颁布政策文件推动服务业发展。1992 年 6 月，中共中央、国务院发布《关于加快发展第三产业的决定》，明确重点发展四类服务业，主要包括：投资少、见效快、就业大的商业、旅游和金融等服务业，反映科技进步的咨询、信息、技术服务等新兴服务业，农村的第三产业，影响国民经济全局性的交通运输、邮电通信等公共服务业；提出了 13 项发展政策，主要包括：财政扶持政策、税收支持政策、金融支持政策、人才支持政

---

① 潘海岚. 中国服务业发展的政策变迁及效应评析［J］. 北京工商大学学报（社会科学版），2009（5）：78－83.

策和市场准入政策等。1992 年以后，国务院及国务院办公厅又先后发布了《关于"十五"期间加快发展服务业若干政策措施的意见》（2001 年）、《关于加快发展服务业的若干意见》（2007 年）、《关于加快发展服务业若干政策措施的实施意见》（2008 年）一系列文件，为服务业的快速发展提供了方向指引和政策保障。

2. 国家部委出台政策促进服务业发展。为贯彻落实国务院《关于加快发展服务业的若干意见》等文件，国务院各部委开始出台各种政策措施支持服务业发展。这些政策措施主要包括以下几个方面。

（1）财税政策扶持。一是为服务业发展提供财政资金支持。如财政部和商务部出台的《关于做好 2007 年度支持承接国际服务外包业务发展资金管理工作的通知》（2007 年）、财政部出台的《中央财政促进服务业发展专项资金管理办法》（2009 年）等，为服务外包和服务业的发展提供资金支持。二是为服务业发展提供税收优惠支持。如国家税务总局出台的《关于开展服务业税收政策清理工作的通知》（2007 年）、财政部和商务部出台的《关于支持承接国际服务外包业务发展相关财税政策的意见》（2008 年）、财政部等 5 部委局出台的《关于技术先进型服务企业有关企业所得税政策问题的通知》（2010 年）等，为相关企业的发展减轻了税收负担。

（2）金融政策支持。服务业是轻资产行业，融资难限制了行业发展。为解决服务业融资难问题，中国银行业监督管理委员会出台《关于银行业金融机构支持服务业加快发展的若干意见》（2008 年）、中国人民银行等部委出台《关于金融支持服务业加快发展的若干意见》（2008 年）等，为缓解服务业企业融资难等问题提供了相关政策支持。

（3）就业政策支持。服务业是人力资源密集型行业，为支持服务外包产业的发展，商务部、教育部和人社部出台了《关于推动服务外包人才网络招聘工作的若干意见》（2008 年）、教育部和商务部出台了《关于加强服务外包人才培养促进高校毕业生就业工作的若干意见》（2009 年），为服务外包企业招聘和吸纳大学生就业提供了相关政策扶持。

（4）统计政策支持。为加强服务业统计工作，为各级政府部门决策提供数据依据，国务院、国务院办公厅、商务部和国家统计局先后颁布和出台了《关于同意建立服务业统计部际联席会议制度的批复》、《国际服务贸易统计制度》（2010 年）、《关于加强和完善服务业统计工作意见的通知》（2011 年）等，明确了职责分工，规范了制度方法，为服务业统计工作的顺利开展提供了制度保证。

（三）服务业发展的规划和政策连续出台期（2012 年至今）

2012 年以来，我国进入到全面建成小康社会和经济高质量发展的新阶段，为充分发挥服务业推动经济增长、吸纳劳动者就业、满足企业生产和家庭消费需求的作用，国家持续推出了服务业发展规划和政策措施。

1. 发布规划，战略引领服务业发展。（1）颁布服务业整体发展规划。2012 年以来，国务院先后颁布《关于印发服务业发展"十二五"规划的通知》（2012 年）和《关于加快服务贸易发展的若干意见》（2015 年）等文件，国家发展改革委印发《服务业创新发展大纲 2017－2025 年》（2017 年）、商务部等 13 部委印发《服务贸易发展"十三五"规划》（2017

年)、商务部等24部委印发("十四五"服务贸易发展规划)(2021年)等文件,将服务业发展纳入国家产业发展战略规划的轨道,明确了各个时期的发展目标、重点领域、工作任务和措施保障,为服务业的持续和高质量发展提供了规划指引。

(2)出台服务业各领域发展规划。2012年以来,服务业各领域的指导意见和发展规划等陆续出台,如国务院办公厅发布的《关于印发社会养老服务体系建设规划(2011-2015年)的通知》(2012年)、文化部发布的《"十二五"时期国家动漫产业发展规划》(2012年)、国务院颁布的《关于促进健康服务业发展的若干意见》(2013年)、国务院颁布的《关于加快发展现代保险服务业的若干意见》(2014年)、国务院颁布的《关于物流业发展中长期规划(2014-2020年)的通知》(2014年)、国务院颁布的《关于加快科技服务业发展的若干意见》(2014年)、国务院颁布的《关于加快发展生产性服务业促进产业结构调整升级的指导意见》(2014年)、国务院颁布的《关于印发推进普惠金融发展规划(2016-2020年)的通知》(2015年)、工信部发布的《大数据产业发展规划(2016-2020年)》(2016年)、国务院颁布《关于积极推进"互联网+"行动的指导意见》(2019年)、工信部发布的《"十四五"软件和信息技术服务业发展规划》(2021年)等,为服务业各领域的持续健康发展提供了方向指引。

2.优化政策,推动服务业持续发展。2012年以来,国务院及其各部委先后出台了一系列通知和指导意见,对服务业发展进行政策支持。代表性的意见和政策包括:国务院发布的《关于深化流通体制改革加快流通产业发展的意见》(2012年)、财政部和商务部下发的《关于印发中央财政促进服务业发展专项资金管理办法的通知》(2013年)、国务院发布的《关于进一步促进资本市场健康发展的若干意见》(2014年)、国务院发布的《关于加快发展服务贸易的若干意见》(2015年)、国务院办公厅发布的《关于全面放开养老服务市场提升养老服务质量的若干意见》(2016年)、国务院发布的《关于扩大对外开放积极利用外资若干措施的通知》(2017年)、国家发改委等发布的《关于新时代服务业高质量发展的指导意见》(2019年)、商务部发布的《关于全面深化服务贸易创新发展试点总体方案的通知》(2020年)、国家发改委发布的《关于推动生活性服务业补短板上水平提高人民生活品质的若干意见》、国家发展改革委等14部门发布的《关于促进服务业领域困难行业恢复发展的若干政策》(2022年)等,这些意见和政策的出台有力地推动了服务业的持续发展。

参 考 文 献

[1] 程大中. 中国服务业的增长与技术进步 [J]. 世界经济, 2003 (7): 35 – 42.

[2] 程大中. 中国服务业增长的特点、原因及影响——鲍莫尔—富克斯假说及其经验研究 [J]. 中国社会科学, 2004 (2): 18 – 32 + 204.

[3] 谷彬. 中国服务业技术效率测算与影响因素实证研究——来自历史数据修订的史实证据 [J]. 统计研究, 2009, 26 (8): 63 – 70.

[4] 顾乃华, 李江帆. 中国服务业技术效率区域差异的实证分析 [J]. 经济研究, 2006 (1): 46 – 56.

[5] 顾乃华. 1992 – 2002 年我国服务业增长效率的实证分析 [J]. 财贸经济, 2005 (4): 85 – 90 + 97.

[6] 顾乃华. 我国服务业发展的效率特征及其影响因素——基于 DEA 方法的实证研究 [J]. 财贸研究, 2008 (4): 60 – 67.

[7] 郭怀英. 韩国生产性服务业发展促进制造业结构升级 [J]. 科技与经济画报, 2007 (12).

[8] 郭晶, 刘菲菲. 中国服务业国际竞争力的重新估算——基于贸易增加值视角的研究 [J]. 世界经济研究, 2015 (2): 52 – 60 + 128.

[9] 郭克莎. 三次产业增长因素及其变动特点分析 [J]. 经济研究, 1992 (2): 51 – 61.

[10] 胡宗彪, 周佳. 服务业全要素生产率再测度及其国际比较 [J]. 数量经济技术经济研究, 2020, 37 (8): 103 – 122.

[11] 黄森, 蒲勇健. 基于三阶段 Malmquist 模型的我国服务业效率研究 [J]. 山西财经大学学报, 2011, 33 (7): 57 – 65.

[12] 纪明辉. 中国服务业的全要素生产率研究 [D]. 长春: 吉林大学, 2013.

[13] 江小涓. 服务业增长: 真实含义、多重影响和发展趋势 [J]. 经济研究, 2011, 46 (4): 4 – 14 + 79.

[14] 江小涓, 李辉. 服务业与中国经济: 相关性和加快增长的潜力 [J]. 经济研究, 2004 (1): 4 – 15.

[15] 江小涓. 网络时代的服务型经济: 中国迈进新发展阶段 [M]. 北京: 中国社会科学出版社, 2018.

[16] 江小涓. 用数字技术克服"鲍莫尔病" [N]. 北京日报, 2021 – 10 – 25 (009).

参考文献

[17] 李晓华. 数字技术与服务业"成本病"的克服 [J/OL]. 财经问题研究：1－13.

[18] 林吉双，刘恩初. 广东城市服务业竞争力研究 2017 [M]. 北京：经济科学出版社，2019.

[19] 林吉双，刘恩初. 中国城市服务业竞争力报告 2016 [M]. 北京：人民出版社，2018.

[20] 林吉双，孙波，陈和. 广东对外贸易和服务经济热点问题研究 [M]. 北京：经济科学出版社，2021.

[21] 刘明华. 国外服务生产率增长缓慢理论解释述评 [J]. 外国经济与管理，2007 (10)：1－8.

[22] 刘志彪，等. 现代服务经济学 [M]. 北京：中国人民大学出版社，2015 (8).

[23] 刘志彪，江静，刘丹鹭. 现代服务经济学 [M]. 北京：中国人民大学出版社，2015.

[24] 鲁晓东，连玉君. 中国工业企业全要素生产率估计：1999—2007 [J]. 经济学（季刊），2012，11 (2)：541－558.

[25] 宋建，王静. "扭曲之手"会加重"成本病"吗——基于经济增长分解框架下的测算与分析 [J]. 财贸经济，2018，39 (2)：136－152.

[26] 宋建，郑江淮. 产业结构、经济增长与服务业成本病——来自中国的经验证据 [J]. 产业经济研究，2017 (2)：1－13.

[27] 谭洪波. 人工智能能够根治鲍莫尔病吗？[N]. 光明日报，2017－12－19 (14).

[28] 王厚双，等. 日本发展现代服务业的经验探讨 [J]. 日本研究，2012 (1).

[29] 王俊. 服务业就业增长之谜：对鲍穆尔—富克斯假说的再检验 [J]. 人口与经济，2008 (6)：44－48＋71.

[30] 王耀中，陈洁. 鲍莫尔—富克斯假说研究新进展 [J]. 经济学动态，2012 (6)：123－129.

[31] 魏后凯. 对产业集群与竞争力关系的考察 [J]. 经济管理，2003 (6)：4－11.

[32] 魏作磊，胡霞. 我国服务业发展水平偏低吗？[J]. 经济学家，2005 (1)：37－43.

[33] 邢丽娟，李凡. 服务经济学 [M]. 天津：南开大学出版社，2014.

[34] 徐宏毅. 服务业生产率与服务业经济增长研究 [D]. 武汉：华中科技大学，2004.

[35] 许宪春. 90 年代我国服务业发展相对滞后的原因分析 [J]. 管理世界，2000 (6)：73－77.

[36] 杨向阳，徐翔. 中国服务业全要素生产率增长的实证分析 [J]. 经济学家，2006 (3)：68－76.

[37] 杨向阳，徐翔. 中国服务业生产率与规模报酬分析 [J]. 财贸经济，2004 (11)：77－82＋97.

[38] 杨向阳. 中国服务业的增长与效率研究 [D]. 南京：南京农业大学，2006.

[39] 杨勇. 中国服务业全要素生产率再测算 [J]. 世界经济，2008 (10)：46－55.

［40］尹琳琳，苏秦. 中国服务业生产率的变动态势及区域特征分析——基于数据包络分析方法的实证研究［J］. 软科学，2009，23（11）：73－78.

［41］袁航，夏杰长. 数字基础设施建设对中国服务业结构升级的影响研究［J］. 经济纵横，2022（6）：85－95.

［42］张楠. 日本现代服务业发展经验及对中国的启示［J］. 现代财经，2011（2）.

［43］张天华，张少华. 中国工业企业全要素生产率的稳健估计［J］. 世界经济，2016，39（4）：44－69.

［44］张天旗. 日韩服务业发展经验对中国的启示［J］. 对外经贸，2012（3）.

［45］张月友. 中国服务业悖论：研究进展、述评与化解［J］. 科学学与科学技术管理，2014，35（8）：77－85.

［46］Aigner, D. , Lovell, C. K. , Schmidt, P. Formulation and estimation of stochastic frontier production function models［J］. Journal of Econometrics, 1977, 6（1）：21－37.

［47］Balassa, B. Trade liberalisation and "revealed" comparative advantage［J］. The Manchester School, 1965, 33（2）：99－123.

［48］Baumol, W. J. , Blackman, S. A. B. , Wolff, E. N. Unbalanced growth revisited：asymptotic stagnancy and new evidence［J］. The American Economic Review, 1985：806－817.

［49］Baumol, W. J. Macroeconomics of unbalanced growth：the anatomy of urban crisis［J］. The American Economic Review, 1967, 57（3）：415－426.

［50］Caves, D. W. , Christensen, L. R. , Diewert, W. E. The economic theory of index numbers and the measurement of input, output, and productivity［J］. Econometrica：Journal of the Econometric Society, 1982：1393－1414.

［51］Charnes, A. , Cooper, W. W. , Rhodes, E. Measuring the efficiency of decision making units［J］. European Journal of Operational Research, 1978, 2（6）：429－444.

［52］Domar, E. D. Capital expansion, rate of growth, and employment［J］. Econometrica, Journal of the Econometric Society, 1946：137－147.

［53］Fare, R. , Färe, R. , Fèare, R. , Grosskopf, S. , Lovell, C. K. （1994）. Production frontiers［M］. Cambridge：Cambridge university press.

［54］Farrell, M. J. The measurement of productive efficiency［J］. Journal of the Royal Statistical Society：Series A（General）, 1957, 120（3）：253－281.

［55］Fuchs, V. R. The service economy［J］. NBER Books, 1968.

［56］Griliches, Z. Output measurement in the service sectors［M］. Chicago：University of Chicago Press, 1992.

［57］Griliches, Z. Productivity, R&D, and the data constraint［J］. American Economic Review, 1994, 84：221－236.

［58］Harrod R F. An essay in dynamic theory［J］. Economic Journal, 1939, 49（193）：14－33.

［59］Lucas Jr, R. E. On the mechanics of economic development［J］. Journal of Monetary

参 考 文 献

Economics, 1988, 22 (1): 3 –42.

［60］Meeusen, W. , van Den Broeck, J. Efficiency estimation from Cobb-Douglas production functions with composed error ［J］. International Economic Review, 1977: 435 –444.

［61］Oulton, N. Must the growth rate decline? Baumol's unbalanced growth revisited ［J］. Oxford Economic Papers, 2001, 53 (4): 605 –627.

［62］Pugno, M. The service paradox and endogenous economic growth ［J］. Structural Change and Economic Dynamics, 2006, 17 (1): 99 –115.

［63］Romer, P. M. Increasing returns and long-run growth ［J］. Journal of Political Economy, 1986, 94 (5): 1002 –1037.

［64］Seiford, L. M. , Thrall, R. M. Recent developments in DEA: the mathematical programming approach to frontier analysis ［J］. Journal of Econometrics, 1990, 46 (1 –2): 7 –38.

［65］Solow, R. M. A contribution to the empirics of economic growth ［J］. Quarterly Journal of Economics, 1956, 70: 65 –94.

［66］Solow, R. M. Technical change and the aggregate production function ［J］. The Review of Economics and Statistics, 1957, 312 –320.

［67］Vollrath, T. L. , & Vo, D. H. Investigating the nature of world agricultural competitiveness ［J］. U. S. Department of Agriculture Economic Research Service, Technical Bulletin, 1988, 1754 (12).

［68］Wölfl, A. Productivity growth in services industries: an assessment of recent patterns and the role of measurement ［R］. STI Working Paper, 2003 (7).